Help Your Child
Love Reading

帮助你的孩子
爱上阅读

[英]爱丽森·戴维◎著

宋苗◎译

北京联合出版公司
Beijing United Publishing Co.,Ltd.

图书在版编目（CIP）数据

帮助你的孩子爱上阅读 /（英）爱丽森·戴维著；
宋苗译 .-- 北京：北京联合出版公司，2016.9（2020.5重印）
ISBN 978-7-5502-8753-2

Ⅰ.①帮… Ⅱ.①爱… ②宋… Ⅲ.①阅读—儿童教
育—家庭教育 Ⅳ.① G781

中国版本图书馆 CIP 数据核字（2016）第 232039 号

Original English language edition first published in 2014 under the title *Help Your Child Love Reading* by
Egmont UK Limited, The Yellow Building, 1 Nicholas Road, London, W11 4AN
Copyright ©2014 Alison David
The Author has asserted her moral rights
Simplified Chinese Translation Copyright ©2016 by BEIJING TIANLUE BOOKS CO.,LTD.
All Rights Reserved.

帮助你的孩子爱上阅读

著　　者：〔英〕爱丽森·戴维
译　　者：宋　苗
选题策划：北京天略图书有限公司
责任编辑：牛炜征
特约编辑：高雪鹏
责任校对：杨　娟

北京联合出版公司出版
（北京市西城区德外大街 83 号楼 9 层　　100088）
北京联合天畅发行公司发行
北京彩虹伟业印刷有限公司印刷　　新华书店经销
字数 126 千字　　　787 毫米 ×1092 毫米　　1/16　　11.25 印张
2016 年 12 月第 1 版　　2020 年 5 月第 4 次印刷
ISBN 978-7-5502-8753-2
定价：26.00 元

引 言

专家观点

　　为快乐而阅读的孩子们不仅语文会更好，而且数学也会更好。久而久之，为快乐而阅读的孩子们会取得更大的进步。为快乐而阅读会带来更丰富的词汇，并能够让孩子接受新的概念。

爱丽丝·苏利文博士，教育研究所

　　我相信，为快乐而阅读是父母们能够给予自己孩子的最伟大的礼物之一。这是一份将伴随他们一生的爱的礼物。我对鼓励孩子们为快乐而阅读抱有极大的热情。这本书就是为那些有着同样目标的父母们而写的。

　　每个人都知道，阅读是学习和教育的基础，但是，不那么为人所知的是，如果一个孩子为快乐而阅读，这就是他或她未来可能取得成功的一个最重要的标志——比父母的教育背景或社会地位要重要得多。这也是一位母亲或一位父亲与他们的孩子建立亲情心理联结的一种神奇的方式。故事的魔力和童年早期一起阅读的共同经历将会陪伴你们，从孩子们的童年直到今后的一生。

　　从我当妈妈的经历和我的工作中，我对于帮助孩子们爱上阅读有了很多了解。我的儿子路易斯现在已经是个十几岁的少年了，在他到目前为止的人生中，我们已经一起阅读了数百本书。我可以真诚地说，为他读书以及和他一起读书，是我们一起做过的最快乐和最享受的事情之一。我看到了路易斯借助阅读的力量茁壮成长。我用了大量的时间鼓励他——以及我的侄子、侄女和朋友的孩子——阅读。

我在艾格蒙特（Egmont）工作，这是一家儿童图书与杂志出版公司，我的工作包括对孩子们及其父母进行研究和面访，以了解促进与阻碍孩子阅读的因素。我想知道为什么一些家庭中的孩子喜爱阅读，尽管生活中有无数让他们分心的事物，为什么另一些家庭中的孩子却很难阅读。我还和一些学校合作，寻求老师们对于如何在家庭和学校鼓励为了快乐而阅读的看法。我会定期到一所小学去，既为了我的工作，也作为一名志愿者去听孩子们读书。从每一个角度，我都既看到了为快乐而阅读所带来的神奇魔力，也看到了如果孩子不能体验阅读的快乐所造成的巨大差距。

所以，我写这本书就是为了分享我对如何帮助孩子们爱上快乐阅读的经验，并解释为什么快乐阅读如此重要。

在开始探讨童年阅读的一些基本原理之前，我有几个问题需要你思考：

· 你有意识地确保有一些安静的时间，并有为你的孩子快乐阅读的惯例吗？

· 你定期给你的孩子读书，并和他一起阅读吗？

· 各种书籍和其他阅读材料，例如杂志，在家里是触手可及并随处可见的吗？

·你制定了限制你的孩子的屏幕时间的规则吗?

·你的孩子看到你为快乐而阅读吗? 你重视要有远离屏幕的时间吗?

如果你对以上任何一个问题的答案是否定的, 请继续往下读! (别担心, 并非只有你如此)

本书如何发挥作用

本书包含了针对婴幼儿直至十几岁孩子的建议, 因此, 当你拿起这本书时, 不管你的孩子年龄多大, 你都能从中获得许多帮助和建议。但是, 要鼓励对阅读的热爱, 越早开始越好。这会让你的孩子有尽可能多的时间在阅读中成长, 并让他对阅读的热爱生根, 变成他生命的一部分。

尽管本书的各章是以年龄段来划分的, 但它们只是指导原则。所有的孩子都是不同的, 他们有着各自不同的成长步伐, 没有所谓的典型儿童, 对此怎么强调都不为过。因此, 如果你的孩子还没有达到我所讨论的阅读阶段, 不要担心, 不要有压力, 也不要唠叨你的孩子, 你只需要享受与孩子一起阅读的特别时光。这最终会起到作用的。

本书的每一章都包含了关于培养阅读习惯、阅读之家应该是什么样的、怎样为孩子大声朗读以及和孩子共同阅读、一张"应该做的事情"和"不要做的事情"的有用的清单, 以及一些与孩子的年龄相应的儿童发展阶段的建议。所有这些都基于我对家庭和学校的研究, 以及我自己的亲身经历。书中还有来

3

自以下三位专家的一些评论：戴维·瑞迪（David Reedy），英国读写能力协会秘书长，读写专家；阿曼达·戈莫（Amanda Gummer）博士，心理学家及儿童发展专家；以及艾瑞克·西格曼（Aric Sigman），生物学家和心理学家，他致力于帮助孩子们、父母们及医生们提高对电子媒介和屏幕依赖的潜在影响的认识。

快乐阅读为什么如此重要

　　本书并不讨论阅读在学业方面的重要性——对此只有很少或完全没有争议（或者至少不应该有争议）。本书讨论的是培养孩子对快乐阅读的终生热爱，因为最重要的是，阅读可以给孩子带来那么多美好的东西：舒适和安慰，信心和安全感，身心放松，幸福和快乐。阅读能够丰富孩子们的想象力，帮助他们与他人共情，甚至能改善他们的睡眠模式。而且，阅读是家庭生活中一个非常重要的元素。阅读能在你和你的孩子之间建立起一种情感联结，从孩子出生后的几天开始，直至十几岁及此后的时期。阅读是你的亲子关系的"黏合剂"，通过一起阅读的经历和所读的故事，使你们的关系更加亲密。阅读有助于建立持久的家庭纽带，并为你的家庭提供一系列独一无二的故事和经历。

专家观点

　　热爱阅读的家庭有更多讨论、培养共情和相互依恋的机会。作为一项技能，阅读还会增强孩子们的信心，因为，一旦他们学会了阅读，就能够自学几乎任何科目。

阿曼达·戈莫博士，儿童发展专家

没有阅读的童年是贫乏的：孩子们将错过人生中最大的乐趣之一，以及阅读带来的巨大好处。我曾与一位助教交谈过，她的工作是帮助生活不快乐的孩子们，她很好地总结了阅读的作用：

我给那些真的有阅读困难的孩子提供一对一的指导。我额外花时间帮助他们学习，在课后，我经常读书给他们听。我永远不会忘记一个男孩。他14岁，是个"问题"孩子，总是惹麻烦，具有攻击性，几乎无法自己阅读，并在很多方面都无法享有正常的生活。在几个星期里，我一直和他一起读阿里克斯·莱德①的故事，他很喜欢这些故事。一天，当我正在大声为他朗读时，这个"问题"男孩倾斜过身子，将头靠在了我的肩膀上。这让我非常伤心。我们不允许与学生有身体接触，更不用说拥抱学生了，但他太需要了。这让我认识到阅读所能带来的远远不只是故事。

卡萝琳，教师助理

专家观点

当孩子们和年轻人阅读时，他们会学到一些让他们受益终生的重要经验。他们会明白阅读让人满足，并会为了各种不同的目的而阅读。有时候，阅读会遇到困难，但是，孩子们会形成这样的认识——如果他们持之以恒地阅读，就会得到满足和愉悦。包括小说、诗歌和知识类图书在内的各种类型的读物都是如此。

戴维·瑞迪，读写专家

---

① 阿里克斯·莱德（Alex Rider），英国著名小说家、剧作家安东尼·赫洛维兹（Anthony Horowitz）笔下"少年007"系列小说的主人公。——译者注

你会认为，既然有这么多好处，阅读一定很普遍。然而，通过我的工作和观察，我看到整个社会范围内都有孩子没有从阅读中获益，这真的令我很悲哀。我希望通过本书能帮助改变一些事情。

为什么不阅读

孩子们难以阅读的原因有很多。阅读作为一项主要的娱乐和休闲活动，其地位受到了忙碌的家庭生活和缺乏时间的挑战；对阅读作为一项技能强调过多，而不是一种乐趣；而且，与各种闪亮的新玩意儿、设备和屏幕时间相比，阅读总体上处于不利地位。

当然，本书所涉及的年龄范围涵盖了整个童年时期，所以，孩子的需求和令其分心的事物在很大程度上会随着你的孩子的年龄不同而变化。在学龄前阶段，你对自己孩子的活动有更多的控制。当孩子开始上学时，对于课外活动、兴趣班、家庭作业和与朋友一起玩耍的愿望，都会影响你们一起阅读以及孩子独自阅读的时间。

同时，科技产品现在控制了太多的时间。两岁的孩子虽然不会给他们的朋友发短信（目前还不会！），但他们可能已经会熟练地用手机玩游戏了。十几岁的孩子会给朋友发短信，并且用手机玩游戏。在这本书中，针对不同年龄或发展阶段，我给出了如何在繁忙的日常生活中抽出时间，帮助你的孩子爱上阅读的具体建议。

父母们最常对我说的一件事情是，他们希望自己的孩子能够为快乐而阅读，或者比自己多阅读。通常，听上去就好像他们认为这注定会失败一样。但是，改变你的家庭和你的孩子的习惯的确是可能的。你只需要采取行动促使它实现。

问题在于，我们生活在一个充满挑战的世界里，我们的时间和精力每一天都被消耗着。作为父母，我们是让生活继续下去的人，而我们在努力兼顾工作与家庭生活时，总是有很大的压力，要叫孩子起床并送他们去上学，集中精力于我们的工作、他们的需求、一日三餐和干净的衣服，保持家里的秩序，监督孩子的家庭作业。很多父母告诉我，他们感到难以承受。除学校作业之外，每天抽时间为自己的孩子读书，似乎是另一件繁重的工作。

如果这听上去像你的生活，不要绝望。好消息是，为阅读找出时间并不难，而且阅读绝对不是另一件繁重的工作。事实上，阅读对你和你的孩子来说，都是一种极大的快乐。你将珍惜你和孩子一起度过的这段时间。

专家观点

和孩子一起阅读可以是睡觉前的一种放松方式，并且能让睡眠更平静、更舒适，所以，为此花些时间是很值得的。而且，你的孩子会因你陪伴他们的这段时间——哪怕只有10分钟——而获得巨大的好处。

　　　　　　　　　　　　　　　阿曼达·戈莫博士，儿童发展专家

我最近的一个研究项目涉及到为一些有小学生的家庭布置一个非常简单的任务。在一个暑假里，我请一些父母每天至少花10分钟时间，给他们的孩子读书或和他们一起读。结果令人惊讶！几乎每一个参加实验的家庭的阅读量和阅读热情都有显

著的提高。在假期结束返回学校时，塔里克（8岁）的反应是我从所有的孩子那里得到的反应的典型，他说："我想每天读更多的书。我喜欢和我的妈妈、爸爸一起读书。"一位妈妈告诉我，在这个项目之前，她的女儿不太会为快乐而阅读。缺少时间是主要问题，而缺少一个阅读惯例使问题更严重了。这位母亲感到很内疚。在假期结束后，罗丝（6岁）说："我喜欢读书。我感到愉快、兴奋。当我妈妈读完的时候，我想让她再多读一些。"这是在每天仅抽出10分钟阅读的背景下发生的。

你需要做些什么

在你读这本书的过程中，你会发现很多关于如何给你的孩子阅读以及和他一起阅读、如何使你的家庭成为一个"阅读之家"等方面的主意和窍门。在此，我只想简要地谈一些基本原则，以支持将你的孩子变成终生热爱阅读的人这一总体"工程"。

📖 做出承诺

首先，你需要做出一个承诺，保证参与并坚持下去，所花费的时间可能比你认为的还要长。这不是权宜之计。你需要和孩子们一起阅读，并鼓励他们，直到他们十几岁，要创造一个让快乐阅读蓬勃发展的丰富的环境。

📖 避免给孩子施加压力

快乐阅读的重点在于为了快乐。不要强调孩子的阅读水平或读物的主题或形式——重要的是他们在阅读。我见到过很多家庭把学校要求阅读的东西放在首位。在小学阶段，父母们会谈论阅读作业并关注他们的孩子阅读水平的提高。我还见到过很多家庭，他们很少——甚至从不——给孩子读睡前故事，因为睡前故事被孩子们做学校的阅读作业取代了。当然，让我们的孩子学会阅读是很重要的。这个世界充满竞争，要想在学校取得好成绩，他们就需要阅读。但是，如果我们不小心，就会向他们传递一种信息，即阅读是他们不得不做的一件事情，是一件繁重的工作，只是一项家庭作业。在他们的心目中，阅读会变得毫无乐趣。如果孩子们感觉到有压力，我们就很容易让他们对阅读失去兴趣。

专家观点

消除压力的一个最好的办法，是让孩子们看到你喜欢阅读，并且与孩子谈论你最近读过的一本有趣的书。孩子们会通过模仿来学习，而你就是你的孩子眼中的"标准"，所以，如果你是为快乐而阅读，他们也会期待着在长大的过程中阅读。

阿曼达·戈莫博士，儿童发展专家

📖 不要想当然

有一个很盛行的假设，认为一旦孩子们能够阅读，他们就会去阅读。事实并非如此！原因很简单，很多孩子不想阅读是因为他们没有把阅读与快乐联系起来。让你的孩子为快乐而阅读，并不只是让他们能达到独立阅读，而你在其中的作用真的非常重要。要让学校来主导教给孩子阅读，而你要通过听你的孩子读学校要求读的书来提供支持。然而，你关注的重点应该主要放在逐渐培养对阅读的热爱上。如果你的重点放在阅读的快乐上，并且孩子逐渐开始爱上阅读，其他的就随之而来了。你将与学校一起，把你的孩子培养成一名热爱阅读的人。

那些在家里得到父母支持，并且为快乐而阅读的孩子们，会拥有更丰富的词汇，而他们的语言推理能力也比其他的孩子强得多。他们在学校的学习过程要比那些不是为快乐而阅读的孩子们快得多。

东密德兰小学教师

📖 找回安静的时间

我们的孩子们的生活明显缺少安静的时间，而阅读当然需要安静。缺少安静的时间可能是当今的孩子们为快乐而阅读所面临的最大的挑战之一，所以，当所有的屏幕都被关掉（也包括你自己的！）并且干扰降到最低时，时间就挤出来了。

📖 理解今天的孩子

父母们经常对我说："我不理解我的孩子为什么不阅读，因为我小时候非常爱阅读。"我可以肯定地说，如果你把自己的童年与你的孩子的童年对比一下，你就会明白为什么：课后兴趣班，家庭作业，一周 7 天一天 24 小时来自游戏机、手机、笔记本电脑和电视机的娱乐，所有这些东西都在与阅读成功地竞争。

想想你自己小的时候。你会有一些关于科技的记忆，但是，这种记忆的多少取决于你现在多大！在 20 世纪 70 年代，你的家人可能会在电视上玩网球游戏，在 20 世纪 80 年代，你可能在街机上玩过《太空入侵者》，或拥有一台 Amstrad 电脑。到了 20 世纪 90 年代及以后，更多的家庭有了个人电脑，而电脑游戏也越来越流行。

但是，不论你曾经接触过多少此类的东西，我可以保证，在你的孩子的世界中，这样的东西现在要多得多。你那时会有很多无事可做的时间，当你无所事事的时候，你会随手拿起一本书。我认为，很多爱阅读的成年人当初很可能是因为想找点别的事做而爱上阅读的。这句话并不像听上去那么奇怪：阅读只不过是一种习惯，就像所有的习惯一样，需要时间才能养成。

专家观点

如今，人们阅读印刷文本（书籍、杂志等）的时间有所减少，而花在屏幕上的时间明显增加。有人会争辩说，孩子们在屏幕上大量地阅读——各种说明、指令、社交媒体信息——但是，正是对长篇文本的阅读在减少，也就是说，对那些承载着观点，并按照情节或章节顺序编排的书籍的阅读在减少。孩子们必须了解，并非所有的阅读都能通过零散的碎片完成，只有更长时间的阅读体验才能带来愉悦、目的性和更深的满足感。

戴维·瑞迪，读写专家

当然，时间是我们的孩子并不充裕的一样东西，而当无聊

袭来时，屏幕时间是最方便、最快捷的解决方法。我们的孩子的大脑平静下来的时间非常少，他们拿起一本书读上 10 分钟或 1 小时的可能性，远远不及我们成长的时候。阅读需要安静的时间来生根和成长。由于现在的生活中非常缺少这种安静的时间，我们就需要为孩子们创造这种时间。所以，不要每天放学后都给孩子安排课外活动，要留出一天或两天时间，让读书成为值得期待的事情。

📖 帮助孩子做出阅读选择

确保你的孩子拥有丰富的阅读选择，是帮助他或她爱上阅读的一个重要部分。如果有令人兴奋的新东西来阅读，就会是一种极大的鼓励。问题是，尽管有各种各样的图书可供选择，但很多孩子无法看到它们。很多图书零售商只出售那些名人的书和高知名度的新书。除了这些图书之外，在很多其他地方还有很多不同的选择。

你可以去图书馆、慈善机构和二手书店看看，与老师们、朋友们、你的孩子的朋友们及其父母们谈谈；或者上网去看看阅读平台。这个世界上确实到处都是有益而有趣的读物——书商们并没有将它们全部垄断。而且，要记住，所有的阅读都是有益的，因此，要包括漫画、杂志、图画小说（graphic novels），甚至在孩子再大一些后读的报纸。

随着你的孩子培养起阅读兴趣，你就能逐渐了解这些让孩子爱上阅读的途径。他们喜欢的任何东西都能用来激励他们阅读，从兴趣和爱好到发现最喜欢的作者并选择同一作者的更多作品，再到阅读整个系列的作品，再到阅读一些真实反映生活经历的书，比如第一次坐飞机或看牙医。一旦你开始思考你的孩子经历和参与的所有事情，你就会发现灵感，来找到新的读物。

要想一想你的孩子对什么感兴趣，以及他或她擅长什么。不论是什么，你肯定都能找到反映他们所热衷的事情的东西来吸引他们阅读。这应该能激励他们，并启发他们阅读。当然，兴趣是不断变化的，但是，总会有一些东西反映他们当前的迷恋或痴迷。这里是一些适合不同年龄阅读的读物的建议。这个清单真的只是冰山一角；除此以外还有大量的选择，无论是虚构类图书还是知识类图书，而且，即使最挑剔的孩子也能找到感兴趣的读物。我真的希望这份清单能给你一些灵感。

·如果你的孩子喜欢画画、玩拼图或看地图，那么，他们可能会喜欢带有地图、大量插图和互动性的图书。对于处于阅读图画书年龄的孩子，《快乐的邮递员》（*The Jolly Postman*）可能满足他们的要求；对于年龄大一点的孩子，《丁丁历险记》（*Tintin*）系列或陈志勇（Shaun Tan）的书，例如《抵岸》（*The Arrival*）会是合适的读物。要试试亚历山德拉·米热林斯卡和丹尼尔·米热林斯基创作的《地图》（*Maps*）。

·如果你的孩子好动，喜欢体育运动、跳舞或动手做东西，可以试试主角像他们一样的图书。或许是《足球学院》（*Football Academy*）系列，或类似《芭蕾舞鞋》（*Ballet Shoes*）这一类的经典图书。对于非虚构类图书，可以考虑《足球之书》（*The football book*）或《一针一线》（*Stitch-by-Stitch*）。

·如果他们对电视上的某个人物着迷，可以找找关于这个人物的书籍和杂志。

·如果你的孩子喜爱音乐和韵律，就在他们小的时候，给

他们读些童谣书，在他们长大一些时，给他们读些诗歌。试试卡莉·格兰特（Carrie Grant）和戴维·格兰特（David Grant）所写的《跳起来加入我们》（*Jump up and Join in*）。带有韵律感的图画书是很好的选择，例如彼得·本特利（Peter Bently）的《哎呦猫咪》（*Cats Ahoy*），朱莉亚·唐纳森（Julia Donaldson）的任何一本书，约翰·弗农·洛德（John Vernon Lord）和珍妮特·巴罗威（Janet Burroway）的《巨大的果酱三明治》（*The Giant Jam Sandwich*）。对于年龄较大的孩子，T.S.艾略特的《老负鼠的群猫英雄谱》（*Old Possum's Book of Practical Cats*）会很有趣。

·**如果他们喜欢与人交往，关于家庭和友谊的书可能会让他们一见如故：**瑞贝卡·帕特（Rebecca Patterson）的《我的大喊大叫的一天！》（*My Big Shouting Day！*），弗娜·阿莱特·威尔金斯（Verna Allette Wilkins）的《戴夫和牙仙子》（*Dave and the Tooth Fairy*），罗伦·乔尔德（Lauren Child）的《哈伯特·霍雷肖·巴特尔·鲍勃顿－特伦特》（*Hubert Horatio Bartle Bobton-Trent*），雪莉·休斯（Shirley Hughes）的《道格》（*Dogger*），布莱恩·帕腾（Brian Patten）的《最难以忍受的父母》（*The Most Impossible Parents*），贾米拉·加文（Jamila Gavin）的《查特吉爷爷》（*Grandpa Chatterji*），或弗洛拉·本杰明（Floella Benjamin）的《来到英格兰》（*Coming to England*）。对于十几岁的孩子，可以试试诸如鲁默尔·戈登（Rumer Godden）的《豆蔻春心》（*The Greengage Summer*），或琳妮·里德·班克斯（Lynne Reid Banks）的《陋室红颜》（*The L-Shaped Room*）这一类的书。

·**如果你的孩子喜爱文字，并喜欢玩文字和声音游戏，**你可以试试斯派克·米利根（Spike Milligan）的《儿童滑稽诗》（*Silly*

Verse for Kids），吉尔·班尼特（Jill Bennett）的《喧闹的诗歌》（*Noisy poems*），或罗尔德·达尔（Roald Dahl）的《反叛诗歌》（*Revolting Rhymes*）。

·如果你的孩子喜爱游戏，甚至也有这一类书籍，例如游戏攻略等等。可以试试《我的世界：新手完全攻略》（*Minecraft*）系列图书。

·如果他们对事物是如何运作的着迷，许多科普类图书会符合要求。可以尝试一下厄斯本（Usborne）出版的《探秘》（*See Inside*）系列，或艾格蒙特出版的《一头儿进一头儿出》（*In One End and Out the Other*）。

·如果你的孩子擅长逻辑和分析，喜欢实验和解谜，在他们较小的时候，可能会喜欢一些探索和发现类的图书。到他们大一点之后，可以考虑谜语类的书籍：试试莎拉·卡恩（Sarah Khan）的《逻辑谜语》（*Logic Puzzles*），对于十几岁的孩子，可以尝试探秘类的，例如马克·哈登（Mark Haddon）的《深夜小狗神秘事件》（*The Curious Incident of the Dog in the Night-time*），或保罗·哈里森（Paul Harrison）的《木乃伊：探寻古代世界之谜》（*Mummies: Mysteries of the Ancient World*）。

·如果你的孩子对大自然着迷，那么自然科普类图书可能符合要求。例如罗伯特·E.威尔斯（Robert E.Wells）的《蓝鲸是最大的吗？》（*Is a Blue Whale the Biggest Thing There Is?*），对于较大一些的孩子，试试杰拉尔德·德雷尔（Gerald Durrell）的《我的家人和其他动物》（*My Family and Other Animals*）。你还可以试试关于动物的书，例如波比·哈瑞斯（Poppy Harris）的《神奇的仓鼠哈米》（*Hammy the Wonder Hamster*），以及 S.F. 赛德（S.F.Said）的《蓝猫瓦杰克》（*Varjak Paw*）。

· **如果他们喜欢一个电影或电视剧，就找出原著**，例如，J.R.R. 托尔金（T.R.R.Tolkien）的《霍比特人》（*The Hobbit*），苏珊·柯林斯（Suzanne Collins）的《饥饿游戏》（*The Hunger Games*）以及杰奎琳·威尔逊（Jacqueline Wilson）的《麻辣女生基地》（*Tracy Beaker*）。

· **如果你的孩子是个科技迷，看看数字阅读是否能激励他们**。你有一个喜欢打电话和发短信的十几岁孩子？试试大卫·克里斯特尔（David Crystal）的《*Txtng：The Gr8 Db8*》。

更多的建议请见第 139~149 页。

专家观点

在一本书中找到恰当的诱饵来吸引一个孩子，是很难事先计划的，因为这可能取决于孩子当时的情绪。然而，你可以通过介绍一些反映他们的兴趣，并且在词汇和句子结构方面适合他们的书籍，来认可他们的兴趣和个性。这样做会大有好处，并能帮助他们全面发展，而不仅仅是提高读写能力。如果书中的角色能够让孩子与自己联系起来，则能提高孩子对人际关系和自我认知的理解能力。而解决问题的书可以培养逻辑思维能力。带有地图和路线图的插图类图书可以提高孩子的空间智能，而传统的有善良和邪恶角色的图书能促进道德感的形成。

阿曼达·戈莫博士，儿童发展专家

我坚信，让孩子爱上快乐阅读，是你能给予他的最好的礼物，正是出于这种信念，我才写了《帮助你的孩子爱上阅读》这本书。身为一个母亲的亲身经历和在工作中与其他父母的交流，都完全证实了这一点。如果说有一件事促使我写这本书，那就是我希望能让父母们认识到他们的参与真的非常重要。你绝对可以影响你的孩子对阅读的喜爱，这会给你的家庭带来极大的快乐。我希望你们每个人都能取得成功。相信我，这样做是值得的。

爱丽森·戴维，2014 年 5 月

你可能拥有数不清的财宝，
成箱的珠宝和满柜的黄金。
但是你永远不会比我富有——
因为我有一个读书给我听的妈妈。

《读书的妈妈》，史斯克兰·吉利兰

目 录

引 言

第1章 屏幕时间

屏幕似乎对孩子们（以及成人们）有一种磁石般的吸引力，花在屏幕娱乐上的时间正在侵蚀甚至取代做其他事情的时间……我知道你已经看到了过多的屏幕时间给你的孩子在身体上、心理上和情绪上造成的重大的负面影响……真正重要的，并不是拒绝孩子们的屏幕时间，而是要明确什么是允许的。

第2章 上学之前：0~4岁

学龄前这几年，无论对父母们还是孩子们来说，都是发生意义深远并令人高兴的非凡变化的一段时期……父母们最常问我的一个问题是，他们应该从什么时候开始给自己的孩子读书。简单的回答就是"越早越好"……阅读惯例一旦牢牢根植于家庭生活之中，就会带来喜悦、平静

1

和一个持续若干年的共同兴趣。

第 3 章　开始上学：5~7 岁

在很多家庭里，孩子一上学，就会发生一件事——父母不再和孩子一起读故事了……本章谈的是如何对待你的孩子从家、日托或幼儿园到学校的转换。重要的是，你要知道如何让你的孩子在学习独立阅读技能和继续保持为快乐而阅读之间保持平衡。

第 4 章　主动阅读：8~11 岁

在这个培养终生爱读书的人的关键阶段，最重要的是确保孩子养成使用新掌握的阅读技能进行快乐阅读的习惯。仅仅因为你的孩子学会了阅读，并不意味着他们会主动阅读……

第 5 章　保持参与：12~16 岁

尽管十几岁的孩子们可能喜欢认为自己是大人了，实际上他们仍然需要你的指导，但他们常常就是不想听……正如你需要调整养育十几岁的孩子的方法一样，你也需要调整鼓励你的孩子热爱阅读的方法……不要放手不管！

第 *1* 章

屏幕时间

专家观点

娱乐性的屏幕时间是孩子们醒着时的主要活动。到 7 岁时，现在出生的孩子，将平均花费一整年的时间，每天 24 小时全天观看娱乐性的屏幕媒体。而阅读的时间同时持续下降，就很难说是一个巧合了。

艾瑞克·西格曼博士，生物学家和心理学家

潜藏在每个父母对阅读和学校作业的担心背后的，就是可怕的屏幕。它似乎对孩子们（以及成人们）有一种磁石般的吸引力，并且已经以一种疯狂的速度，渗入到了我们以及各个年龄段人的生活中。

我们的孩子们在屏幕前花掉了大量的时间。对此，有各种研究和统计数据——例如，平均每 12 分钟醒着的时间，就有 1 分钟，或者说一天有 6.5 小时（到你 80 岁的时候，这就是你生命中的 20 年！）[①]在屏幕前度过。无论如何，人们花在屏幕前

---

① 原文如此。——译者注

的时间肯定太多了，而且在一些家庭中，它正完全占据空闲时间，结果几乎没有什么时间做其他事情。

毫无疑问，数字世界给我们的孩子们提供了令人兴奋的娱乐、教育和刺激。孩子们能从电子游戏中学习逻辑、快速思考、解决问题和策略，而且，现在大部分的社交活动是通过短信和社交媒体进行的。但是，我认为屏幕时间应该是一个丰富多彩的童年生活的一部分，而不能支配我们的孩子们的生活——当然，如果你希望自己的孩子做些其他事情，尤其是如果你希望他们阅读的话。

很多父母告诉我，他们希望自己的孩子能够少花些时间在数字娱乐上，多花些时间阅读，以及享受其他事情，比如在户外玩耍，参加体育活动，参与幻想和创造性的游戏，玩玩具，与其他孩子互动，等等。也就是说，不要把他们的绝大部分时间都花在一个屏幕前面。

事实是，花在屏幕娱乐上的时间正在侵蚀甚至正在取代做其他事情的时间。我与之交谈过的一些父母对此都有着矛盾的情感。尽管为此感到焦虑，但他们看到自己的孩子很快乐、开心、在与他们的朋友交往，变得越来越精通科技。而这在当今这个时代是一件好事，不是吗？所以，这真的不是一个容易处理的问题。

在屏幕前花费这么多的时间，还意味着孩子们已经变得习惯于即时娱乐。他们在电子产品带来的即时满足中长大。这是阅读对于当今的孩子吸引力减少的一个原因。读完一本好书所带来的最终回报是巨大的，但它不是即时的——它需要一些时间和努力才能获得。另一方面，看电视或 YouTube 是一种被动的活动。娱乐是以一种完全成形的方式呈现出来的，而孩子们需要做的只是观看。玩电子游戏和发短信是互动，但也是即时的——而且，孩子的行为所得到的回应，例如在游戏中升级，在游戏中获胜，以及得到短信回复，往往都是密集而迅速的。

专家观点

玩电子游戏会让大脑快速产生大量的化学物质多巴胺，这是与所有成瘾都有关联的一种物质。有趣的是，尽管"电脑游戏成瘾"正日益被医学界承认，但他们不承认"读书成瘾"。而且，尽管现在健康部门建议限制孩子们的屏幕时间，但奇怪的是，他们没有建议限制阅读时间，或限制孩子们书架上图书的数量。现在有越来越多的治疗电脑成瘾的住院诊所，但却没有"罗尔德·达尔①康复中心"。这是因为阅读是一种非常不同的、更适时的神经系统过程和智力过程，需要成长中的孩子们投入更多的推理和认知方面的努力。

艾瑞克·西格曼博士，生物学家和心理学家

而且，玩电子游戏和发短信实际上只需要短暂地集中注意力。阅读需要付出努力和注意力来理解文本，并跟随故事情节的发展。也就是说，阅读需要持久的注意力。

所以，被动地观看电视节目、录像和玩电脑游戏，不仅付出的努力较少，而且回报也来得更快。孩子们做这些事情越多，他们的大脑就会变得对这些事情越适应，他们就更想要并期待这类娱乐，而他们就越难较长时间将注意力集中于像读书这样的事情上而不分心。

---

① 罗尔德·达尔（Roald Dahl），挪威籍的英国杰出儿童文学作家、剧作家和短篇小说作家，作品极为有名。——译者注

专家观点

屏幕娱乐中的活动影像是一个完美的媒介，可以为集中精力于某件事情提供有力的奖励。与孩子们体验到的现实生活所展现的节奏相比，屏幕娱乐所描绘的生活就像完全按下了快进键一样。快速变化的影像、场景和事件、远景近景的转换、镜头的摇动和剪切以及高保真度的声音，都是极其刺激的，当然，也极其有趣。一旦你习惯了带有添加剂和增味剂的食物，真正的食物尝起来就不那么令人感兴趣了。现代的屏幕娱乐就是这个视觉和听觉世界的增味剂，为人们提供非自然的感官刺激。现实生活中没有什么可以与之相比。屏幕娱乐对小孩子集中注意力观看，提供了过高的奖励，而这有可能破坏正常的奖励系统，使孩子无法将注意力集中在生活中的其他事情上，例如读书。

艾瑞克·西格曼博士，生物学家和心理学家

在我看来，人们对屏幕时间的渴望无疑是难以抑制的。这种渴望还会变成沉迷，我认为，把对屏幕时间的渴望比作一种毒品也不为过。研究已经表明，在最坏的情况下，网瘾对大脑的改变，与那些毒瘾或酒瘾对大脑的改变相似：X光检查显示，联通大脑中情绪、决策和自我控制相关部分的路径被中断了。所以，这些上瘾的人可能会表现出无法在视频游戏之外的世界中建立情感联接。在我写这本书的时候，据估计，有5%~10%的互联网用户无法控制自己对网络的使用，并被认为染上了网瘾。这些数字是比较少的，并且我所说的也是极端情况，但是，在我们的生活中，屏幕娱乐对我们的吸引力是很明显的。而且，另外一些研究已经发现了过度使用社交网络与抑郁症之间的一种明显的关联。

作为一位母亲，我知道你已经看到了过多的屏幕时间给你的孩子在身体上、心理上和情绪上造成的重大的负面影响。所有与我交谈过的家庭，无一例外，都注意到了他们的孩子在太多的屏幕时间之后所产生的行为变化，不论是电视、电子游戏还是发短信。这些变化从轻微的强迫症、过度兴奋或无法集中精力做其他事情，到喜怒无常、脾气暴躁、过度活跃，甚至在听到该关掉机器时的直接攻击行为。

孩子们在游戏闯关、查看社交网络的最新消息、回复短信或观看网站上的连载视频时，会变得过分迷恋。就像上瘾的人一样，他们会因此对其他事物失去兴趣。想想你自己不断查看邮箱或你的手机短信的需要。你发现关掉屏幕并静下来专心阅读有多困难？我知道这对我自己来说有多困难。对于孩子们来说，这同样很困难，如果不是更难的话。

专家观点

孩子们在控制冲动方面尚未发育完全，受寻求感官刺激和即时满足的影响是可以理解的，所以，他们自我管理屏幕时间的能力是极其有限的。

艾瑞克·西格曼博士，生物学家和心理学家

因此，如何在家里为娱乐而使用屏幕设备，对你的孩子的阅读培养来说，是一个至关重要的因素。如果你希望你的孩子为快乐而阅读，就需要认真思考整个问题，不仅要考虑数字娱乐、网络和电脑的消极方面，而且要考虑它们的积极方面。

他早餐前、早餐后和放学后玩 Xbox 游戏。我们希望他把精力集中在其他事情上，但这就像打一场注定会失败的战争一样。

乔丹（12岁）的父母

快乐阅读与娱乐性的屏幕时间，是可以共存的。我见过一些家庭，尽管存在许多令人分心的事情，但他们都很爱阅读。而且，你会高兴地了解到，做到这一点并不难，尽管这确实需要一些决心。如果你希望你的孩子为快乐而阅读，你就必须限制屏幕时间，这既是为了给阅读腾出时间和空间，也是为了帮助你的孩子全神贯注地享受一个好故事。

如果没有制定控制屏幕时间的规则，快乐阅读绝对会受到影响，因为孩子们不会有兴趣、时间、耐心或注意力去阅读一本书。

我有时候会想，帮助你的孩子为快乐而阅读的原理，就像培养一个健康饮食的孩子——我们认识到如果我们想有一个饮食健康的孩子，我们就必须提供健康的食物，鼓励他们尝试新东西，给他们提供种类丰富的食品，并限制不健康的食品。我们不让他们吃巧克力或喝可乐，除非是他们生病了，但是，我们偶尔会让他们吃甜食。培养一位爱阅读的孩子和管理屏幕时间，是同样的道理。

📖 找到平衡

真正重要的，并不是拒绝孩子们的屏幕时间，而是要明确什么是允许的。这在于要找到一种平衡。你的孩子需要知道，屏幕时间是一种款待或一种特权，而不是他们随心所欲行使的权利。孩子们不知道什么是对他们最好的，如果没有规则，他们就不会关掉电视、Xbox 或 Wii 游戏机，所以，正如我在前面说的那样，他们不会自我控制。如果让孩子们自由选择，屏幕时间将取代一切。

我想，我的侄子认为所有手机理应都是他的！我一穿过前门，他甚至在跟我打招呼之前就会说："可以给我你的手机吗？"很显然，他会和他见到的所有大人都这么说。我知道他的妈妈经常不得不与他进行戏剧性的争斗，才能拿回她的手机。他只有 3 岁！

安吉拉，卢卡斯的姑姑

考虑到一个孩子接触到的电子设备的数量，要找到平衡肯定会更困难。我与一位爸爸交谈过，他把限制他的孩子们的屏幕时间比喻成阻止一场海啸。他告诉我，在他家里，有天空电视、一台台式电脑、一台笔记本电脑、几部手机、一台任天堂游戏机、一台 Wii 和一台 Xbox，孩子们总是吵着要花时间使用这些屏幕设备，不管是用来玩游戏，还是用社交媒体与朋友聊天。而且，科技发展得如此迅速。如果你有一个小宝宝和一个大一点的孩子，你就会知道你的小宝宝能接触到的数字娱乐方式的巨大差异。和我交谈过的一位妈妈告诉我，她能看到她 15 个月大的孩子接触到的小玩意儿和学龄前 APP 软件，与她 8 岁的孩子在这个年龄时拥有的东西相比增加了很多。

制定规则

因此，你如何取得平衡呢？最显而易见、最好的起点，是制定一些基本规则。划定界限对孩子们而言是一件好事——他们知道了对他们的期待是什么，这会让他们有安全感。他们还会知道，当他们遵守规则时，就是做得很好。但是，我见过的那么多家庭都感到，他们不能或不想对他们的孩子们的屏幕时间说不。我认为，他们混淆了制定规则与惩罚。当你限制屏幕时间时，你不是在惩罚你的孩子，你是在为他们创造做其他事情的时间和空间。关于屏幕时间的规则，能够教给孩子们自我控制和纪律。

我们的孩子们都会阅读很多书。我妻子对于发现有趣的图书很有天分，而且我们对电脑和手机的使用有着严格的规定。如果没有限制，他们可能会立即停止阅读。

克莱尔（15 岁）、伊娃（13 岁）和卢克（7 岁）的爸爸

如果规则被打破了，你还需要规定后果：如果你制定了限制玩一个小时游戏的规则，而你的孩子到时间后还不停止，你可以减少他下次玩电子游戏的时间，或者甚至取消他的这个特权。你说了算。只有在剥夺屏幕时间的时候，才是一种惩罚；规则本身并不是惩罚。

📖 关于规则的想法和建议

我无法准确地告诉你应该制定什么样的规则，因为规则必须适合你和你的家人。但是，我可以分享我在与无数家庭交谈时偶然发现的一些有效的想法。

如果卧室里有屏幕，阅读绝对会受到影响。一项对英格兰4000 名小学生的研究发现，卧室里有电视的孩子和拥有自己手机的孩子的阅读成绩显著下降。所以，卧室里不要有屏幕：不要有电视、电脑、DVD 机和游戏机。当你的孩子长大一些，有了手机，一定要确保在睡觉时把手机从他们的卧室里拿出来。如果你的孩子需要一台电脑来做家庭作业，并且要在他们自己的房间里使用，你应该考虑买一台笔记本电脑，以便能在睡觉时间把它放到其他地方。

专家观点

屏幕时间的增加，与接触屏幕设备的方便程度和方式有关。想象一下，如果你在孩子的卧室里放一台冰箱，他们很可能会吃得更多。而且，如果你告诉他们，在冰箱的一个隔层里有花椰菜和球芽甘蓝，在另一个隔层里有冰淇淋，你的孩子可能会吃得更多，并且不会是吃你提供的那些健康蔬菜。

艾瑞克·西格曼博士，生物学家和心理学家

限制上学日的屏幕时间。我见过一个家庭，他们有一个规则，规定从周一到周四不允许任何娱乐性的屏幕时间——当然，如果孩子们需要用电脑做家庭作业，这是允许的。他们的孩子接受了这个规则。我还见过一个家庭，允许他们12岁的孩子在晚上有45分钟的屏幕时间，但必须在完成家庭作业之后。

在周末，你可能想给孩子更长的屏幕时间——对于十几岁的孩子，最长甚至可能达到连续2~3个小时。对于年龄较小的孩子，你或许应该减少一些时间，但是，再说一次，要让屏幕时间适合你的孩子。在长时间地玩屏幕游戏之后，要观察他们的行为和感受，如果有必要，就要改变这个时间。

关闭屏幕（包括电视）。在就寝前至少30分钟关闭屏幕，以便给你的孩子一个放松下来的机会，并给他们一段合适的时间来阅读。

　　当你与不理解时间概念的非常小的孩子们打交道时，一个闹钟或某种计时器会非常有用。你可以说允许他们玩 30 分钟，当闹钟响起时，时间就到了。在我的儿子很小的时候，我非常成功地使用了这个方法，闹钟铃响时，他就会关掉笔记本电脑，不问任何问题。

　　对于能更好地理解时间概念的年龄较大的孩子，在时间到的时候，提前 5 分钟或 10 分提醒他们会非常有效。

　　要确保你的孩子在打开电脑或游戏机之前，先询问是否可以用。这会强化使用电脑或游戏机是一种特权而非权利的观念。你可以回答"可以"，或"不可以"、"等一会儿"、"可以，能玩 30 分钟"，或"可以，如果你做完了家庭作业的话"——不管怎样回答，只要与你制定或同意的规则相符就可以。

　　即使你现在可以毫无困难地限制你的孩子的屏幕时间，并且一个非正式的临时安排似乎就很管用，或者如果他们还很小，而且到目前为止还没有特别热衷于数字娱乐，但我仍然极力主张你未雨绸缪。想象一下你的孩子还很小，比如说 4 岁，她偶尔想要玩你的 iPhone。你让她玩了，并且当你说玩够了的时候，她服从了。这没有问题。然而，要不了很久，她就不会再听你的了，因为她有了发言权，并且形成了更确切的好恶。孩子们长大了。因此，要确保你在说"好的，你可以玩 iPhone"的时候，还要给出一个时间限制。例如："你可以玩 10 分钟 iPhone，然后我们就把蜡笔拿出来，或者我们要去读一本书。"

　　如果你现在就制定了关于屏幕时间的家庭规则，当孩子不可避免地要求得到更多屏幕时间时，你就会有很好的准备。这样做，你的孩子就会在长大的过程，认可不能随心所欲地使用屏幕设备。

📖 为较大的孩子制定规则

如果你的孩子年龄较大——比如 8 岁以上——而你打算实行屏幕时间的规则，要准备好面对你的孩子可能不会心平气和地接受这个事实。他们有多么生气，在某种程度上取决于他们年龄的大小，和他们习惯于不受限制地使用屏幕设备的时间的长短。我只能说你要坚持！较大的孩子可能更难对付，但这是正常的，因为他们正在了解生活——即事情并不总能如他们所愿，而且他们必须记住，当你说"不"的时候，你是当真的。

如果你的孩子抱怨他们班里每个人都可以整晚玩游戏，或者他们最好的朋友可以想玩多久就玩多久，你的回答必须类似于这样："每个家庭都有自己的规则，而这些是我们家的规则。"我记得接触过一个家庭，他们因为没有制定关于屏幕时间的规则而遇到了麻烦。他们的女儿正在开心地玩游戏机，而她的妈妈明显出乎意料地说："把它关掉，你现在已经玩够了。"当然，这个女孩大发脾气，并引起了争吵，因为她认为她的妈妈毁掉了她的快乐。由于在时间结束前没有预先告知，这个女孩没有感觉到是自己在控制。对于母女双方来说，一个更容易的方法是预先告诉女儿能玩多长时间，并在时间结束前 5 分钟告知她。

要记住，孩子们从根本上是喜欢界限的；他们喜欢知道自己表现得很好，而且通过制定你将坚守的规则，你使他们有良好的表现并受到赞扬变得更容易了。说实话，如果你在孩子还比较小、不那么反叛、更愿意接受的时候，就设立关于屏幕时间的规则，你会发现这件事会容易得多。此后，你可以随着孩子的成长调整规则，当孩子长到十几岁，似乎想要完全沉浸于数字娱乐，而不做其他事情的时候，你就会处于一个有利得多的位置。如果你的孩子更成熟，并且你认为自己可以有效地跟他们讲道理，为什么不坐下来与他们商定这种时间限制呢？

📖 数字阅读

当我在本书中谈论阅读的时候，我通常不区分纸质书和电子书。毕竟，内容是相同的，只是呈现的方式不同而已。阅读一篇较长的文章，需要持续地集中注意力，不管是在纸上还是屏幕上。

尽管成年人的电子阅读正越来越为人所接受，但到目前为止，孩子们的电子阅读一直进展缓慢。随着更多设备的出现，它无疑会加速发展。然而，你可能发现你的孩子喜欢在电子设备上阅读。如果是这样，那太好了，尤其是较大的孩子。我要警告的是，不要让年龄较小的孩子用电子书。要让你的孩子享受纸质书的感觉，以及能够手捧书本、轻翻书页和随身携带的乐趣。这是阅读体验中必不可少的部分。

此外，随着你的孩子逐渐长大，将你们一起读过的纸质书作为纪念品保留下来，有利于增强我在本书其他地方提到的亲子关系。我非常清楚地记得在我长大的过程中，和我的妈妈一起读过的一些书，其中有一些被保留了下来，现在我可以读给我的儿子听。我特别喜爱一本卷了边的《阿噗角的小屋》（*The House at Pooh Corner*）。我的哥哥曾把他童年珍藏的一本《鼬鼠维尔夫的快速溜冰鞋》（*Wilf Weasel's Speedy Skates*）借给我儿子路易斯，这让他以非常敬畏的态度对待它。这种纸质书的传承，是你无法通过电子书实现的。因此，我认为在童年时期错过纸质书，是非常让人遗憾的，更不用说屏幕时间可能对发育造成的伤害了。

屏幕时间是一个非常新的问题。在认可电脑的有用之处与过度使用电脑可能对发育造成的潜在危害之间找到平衡，是当代家庭生活面临的一个最普遍的问题。健康教育专家，比如艾瑞克·西格曼博士，以及英国卫生署正在提醒父母们，有必要将随意支配的娱乐屏幕时间视为另一种有害健康的行为——类似糖果或薯片，或直接在太阳下暴晒——它应该以每天多少分钟或几个小时来计算，并且需要加以考虑和限制。这个问题无法回避，你确实需要参与其中，帮助你的孩子找到平衡。

这里有一个如何着手寻找平衡的例子。一位妈妈告诉我，她的儿子阿尔菲是一个狂热的电子游戏迷。他现在 7 岁，痴迷于在 Wii 和 iPad 上玩游戏，就像他的朋友们一样。但他也是一个非常热爱读书的孩子。她说："阿尔菲读书是为了放松。他每天都在床上读书——我们有一个惯例。我们不允许他的房间里有任何游戏装置、手机或电视机。"

这是可以做到的！

第 2 章

上学之前：0~4 岁

孩子们是在自己父母的膝头上爱上阅读的。

艾米丽·布赫瓦尔德，作家及出版人

我是那么清楚地记得我带着刚出生的儿子回到家里的那一刻。我对他的爱如此强烈，以至于我觉得我会一辈子都爱他——就好像我的一部分缺失了，直到他的到来才使我变完整一样。我只想抱着他——一小时又一小时、一天又一天，无论他是醒着还是睡着都没关系。我还很焦虑——对保护他的安全，对用正确的方式做事，对他的幸福。有那么多的事情值得珍惜，又有那么多的事情需要担心，以至于我头脑中所有那些关于一个从不哭闹并且整晚安睡的宝宝的理想画面，都迅速消失了。度过每个白天和夜晚都足以是一个挑战了。

让我感到欣慰的是，至少有一件事是在我的掌控之中的。不管每天多么紧张、有多么大的压力，我都会给他读书。在我刚能听懂故事的年纪，我妈妈就给我和我的两个哥哥读书。我记得听她读过很多次《尼伯太太搬家》（*Mrs Nibble Moves*

House），而且，即便是现在，已经 70 多岁的妈妈仍然能一字不差地把它背出来。她逐渐培养了我和我的两个哥哥对阅读的热爱。所以，我从未想过不给路易斯读书。我希望他从一开始就爱上读书，就像我小时候那样，并能像我一样体验到读书的快乐。我希望与他分享我对阅读的热爱。像喂他吃奶一样，给他的大脑源源不断地提供营养。

阅读习惯

学龄前的几年，无论对父母们还是对孩子们来说，都是发生意义深远并令人高兴的非凡变化的一段时期。一开始，宝宝们似乎只需要你作一台喂奶、洗澡和换尿布的机器。一段时间后，当他们蹒跚学步时，他们就会一遍一遍又一遍地要求你关注并不断地陪他们玩他们刚刚发明的一个游戏。他们学习新技能并显现出越来越多个性特征的速度，会让你兴奋得无以复加。

对于你的孩子来说，每一天都充满了未知的新事物。魔法与幻想都是真实的——怪物真的在床底下，牙仙子真的会带来闪闪发亮的硬币，圣诞老人不知怎么总能准确地知道每个孩子想要什么。这是一个新鲜而又意想不到的事情频繁发生的时期，世界在不断地变化，每个星期都会有数以百计的新经历。

这些新经历可能令人兴奋，但也可能使人困惑和恐惧。难怪年幼的孩子们在面对新的冒险活动时，会通过坚持惯例来帮助自己感到安全和自信。而你需要为他们建立这些惯例。

父母们最常问我的一个问题是，他们应该从什么时候开始给自己的孩子读书。简单的回答就是"越早越好"。在出生后的头几个星期、头几个月，建立一个阅读惯例可能会有点儿困难，但是，阅读惯例一旦牢牢植根于家庭生活之中，就会带来喜悦、平静和一个持续若干年的共同兴趣。对于我的儿子，在我们一起度过了头几个星期之后，我们就尽早使阅读成了我们家庭生活节奏的一部分。这么多年过去了，我们一直保持着这个家庭生活节奏，从他刚出生起我们就一起建立起来的阅读纽带牢固如初。

专家观点

在帮助自己的孩子掌握语言、为他们上学做好准备以及逐步培养对学习的热爱方面，父母所能做的最重要的事情就是给他们读书。

《父母们知道自己重要吗？》，拉斯等人合著，2007

为了养成阅读习惯，最重要的事情是让阅读成为你的日常惯例的核心。要利用你能找到的一切机会给你的孩子读书——喂他们的时候，给他们洗澡的时候，以及抱着他们的时候。我知道有一个家庭，他们在换尿布时会在宝宝的头边支一本书。即使你每天只有一次给孩子读书的机会，也要确保你充分利用。在这个阶段，你读什么实际上并不重要——听到给他们读书的声音，一起唱童谣，并将看书和与父母在一起时的舒适和安全感联系起来，才是重要的事情。

当我们的女儿出生时，我是那么兴奋，并且从她到家的那一刻起，我就有那么多的事情想做。但是，我现在仍然记得，在她刚出生的那些天里，我感到自己被女儿和妻子之间的关系完全排除在外了。尽管我尽自己所能地在妻子喂奶时以及她需要睡觉时提供帮助，但我就是无法感受到她和女儿之间那么强烈的亲情心理联结。通过开始在女儿睡觉前、在她洗澡的时候，以及当我们在起居室放松或者我们外出时给她读书，我设法在日常惯例中确立了我的角色——而且这个阅读习惯一直延续到她十几岁的时候。

马丁，汉娜的父亲

建立起一个家庭生活节奏和阅读惯例，你就为共同的阅读生活打下了基础。这里是一些巩固家庭生活节奏和阅读惯例的简单方法。

📖 记住，书是非常便于携带的！

要在你的尿布包里塞上一两本书，或者当你外出时，在婴儿车的置物篮里扔上一本书。你总能找到一点时间坐下来，读上几分钟。

📖 巩固读过的内容

当你外出时，要把你们看到的东西与读过的书联系起来。如果你们看到一只猫，或一辆消防车、一辆公交车或一个遛狗的人，要给你的孩子指出来，并提醒孩子你们读过的故事。我建议你在回家后再把这本书读一遍。正如你会本能地留意那些会给你的孩子造成伤害的东西一样，你要形成发现并提起与你们一起读过的故事相似的东西的本能反应。如果你读过《老虎来喝下午茶》（*The Tiger Who Came to Tea*），当门铃响起时，你可以说："我想知道是不是那只老虎来喝下午茶了。"然后，在晚些时候再和孩子一起读这本书。或者，如果你在花园里看到了一条毛毛虫，就提醒你的孩子想一想《杰利先生》（*Mr*

Jelly）的故事，故事中的杰利先生把毛毛虫当成了一条蛇。然后，再给孩子读一遍这本书，并说："记住，我们今天看到了一条毛毛虫，和这本书中的那条一样。"

能让父母与孩子进行有趣互动的书，对于将阅读培养成一种快乐体验非常有帮助。比如，你可以试着读一本精确地表明什么叫"挠痒痒"的书。这种亲子互动、书中的图画和重复的文字会让阅读变得非常有趣。

通过这些方式和其他方式，你让故事成为了你的孩子生活中不可或缺的一部分。以上只是几个例子，但非常容易做到。要寻找你的孩子能够理解的书，你很快就会发现你们会自然而然地注意到你们一起看到的东西，而提起这些东西会成为你们家庭语言的一部分，以及共同拥有的美好回忆。

📖 逐步建立正面联系

当你们坐下来读书时，要使用正面语言切入话题，例如："让我们来读一本可爱的书。"——以便让阅读与快乐、舒适和安全感之间的联系牢固地建立起来。

专家观点

正面强化是父母拥有的最强有力的工具，而且，让阅读成为一种积极体验将大有好处。

阿曼达·戈莫博士，儿童发展专家

当你的孩子再长大一点儿，并开始挑选他们想和你一起阅读的书籍时，你要避免说诸如"哦，不，别再读那一本了！"

之类的负面的话。要始终确保你说的任何话都是正面的。这是为了让他们染上阅读的"病毒",并鼓励他们从阅读和故事中获得快乐。这有时候可能意味着,当你不得不读你不是很喜欢的内容时,你也必须正面思考。我记得当我的儿子选了一本关于雷鸟战机的书时,我的心不禁一沉,我的"工作"是读出引擎、飞机内部和设备图上的所有注释!

专家观点

当你的孩子再长大一点儿,到 2 岁、3 岁和 4 岁的时候,你可能要吸引他们注意印刷文字。你可以这样说:"看,那些字说的是'大象艾玛'。让我们来看看能不能在书里再次找到'艾玛'这两个字。"你应该等到给你的孩子把一本书读过几次之后,再尝试这样做。或者,当你们外出时,把印在书上的字和你们看见的事物以及你的孩子的经历联系起来。例如:"看,索菲(Sophie),'塞恩斯伯里(Sainsbury)'这个名字是以字母'S'开头的,和你的名字一样!"

戴维·瑞迪,读写专家

如果你要工作,因而要离开你的孩子一整天,你可以把书和阅读当作对孩子的一种款待。你要说:"我过后会回来,到时候我们可以一起玩,并且读一些书,那是不是很棒?"这样,阅读就变得与快乐时光以及你们共同期待的事情联系在一起了。

📖 对屏幕说"不"

养成阅读习惯有时候需要对电视或 iPad 说"不"——即对你自己(很容易只让孩子们玩 10 分钟,而你自己却在打电话、发邮件），也对你的孩子。问题是，手机或 iPad 总是触手可及，所以很难一直阻止孩子们接触到它们。

仅去年一年，孩子们使用智能手机和平板电脑的数量，已经大幅增长，这也是学龄前孩子们每周快乐阅读（主动拿起一本书看）的比例在一年之间从64%下降到57%的一年。

> 孩子们需要看到，书籍首先关乎的是快乐；而从书中学习是一个快乐的、几乎无需费力的附带结果。
>
> 迈克尔·莫波格①，作家

> **统计数据**
>
> 2013 年的一项研究表明，现在 0~2 岁孩子的平板电脑使用比例为 18%（2012 年为 7%）；3~4 岁孩子的使用比例为 28%（上一年为 16%），智能手机的使用比例也有类似的上升。现在，20% 的 0~2 岁孩子使用智能手机，3~4 岁孩子的使用比例接近 1/3，而上一年的比例分别为 15% 和 25%。
>
> 《数字时代英国儿童的图书消费》，鲍克，2013

专家观点

尽管拥抱科学技术，并帮助孩子们做好在一个越来越科技化的世界中生活的准备很重要，但是，运用高科技的小东西促进孩子们阅读和学习，而不是取而代之也很重要。用制定膳食计划时对待糖果和甜食的相同方式考虑屏幕时间是有帮助的。平衡是关键，而甜食应该受到限制，并要以很多健康活动和营养品来抵消其不良作用。

阿曼达·戈莫博士，儿童发展专家

---

① 迈克尔·莫波格（Michael Morpurgo），英国儿童桂冠作家，生于1943年，迄今为止已经出版过《岛王》《战马》《蝴蝶师》等百余部作品，得奖无数，多部作品曾翻拍成电影、电视剧、舞台剧和歌剧，其中最广为人知的要数著名导演斯皮尔伯格翻拍的电影《战马》。——译者注

养成阅读习惯所带来的长期利益，要远远超过允许屏幕时间所获得的暂时的平静。书籍和阅读，而不是屏幕和看电视，还会强化共同的家庭认同观念。这会向你的孩子表明"我们家就是这样"。阅读会成为常态，而不是一件繁重的工作或"不太好的"选择。当然，你可以通过自己做出榜样，并抽出时间坐下来读书来强化这一点。关于屏幕的更多信息请见第 1 章。

> 统计数据
>
> 每天在屏幕前超过 2 个小时的孩子，出现注意力问题的可能性比他们的同龄人高 67%。
>
> *www.healthcare-today.co.uk*

📖 着眼于成功和一起读过的故事

即使在孩子很小的时候，你都能看到养成一种阅读习惯的好处。

我给路易斯读的书越多，似乎就有越多的故事将我们联结在一起。随着他逐渐长大，我还看到阅读给他的成长带来了多么深远的影响。在我们外出时，他能够把看到的事物与我给他读过的故事中的词联系起来，这种能力给我们的每次外出带来了越来越多的快乐。我清楚地记得，有一天，我和路易斯（当时大约 16 个月大）一起坐在一个朋友家的厨房里。厨房的壁纸的主题是蝴蝶，他指着蝴蝶说"挠挠虫"——他的版本的"毛毛虫"。我看了一眼壁纸，惊奇地发现他在蝴蝶与毛毛虫之间建立了联系。然后，我想起我们刚刚读过《好饿的毛毛虫》（*The Very Hungry Caterpillar*）这本书，书中的毛毛虫变成了一只美丽的蝴蝶。当我意识到他已经能够将来自我们一起读过的书中的信息运用到现实生活中的一个情形中时，我给他读书就更起劲了！

📖 **利用特定角色的故事**

帮助孩子们安静下来读书，或听别人给他们读书的一个好方法，是读以他们最喜爱的电视或电影角色为主角的书。一位母亲告诉我，她 3 岁的儿子对电视《粉红猪小妹》（*Peppa Pig*）（又译作《小猪佩奇》）很着迷，但很抗拒让别人给他读书。"在睡前给他读《粉红猪小妹》——他一往情深而乐此不疲的最爱！——以及一两本我们挑选的其他的书，给我们提供了一个很好的睡前惯例，"她说，"现在他可以安静下来享受这些书带来的快乐了。"

> 给小孩子们朗读不仅是促进语言和认知能力发展的最好的活动之一；还能逐渐增强孩子的动力、好奇心和记忆力。
>
> ——贝蒂·巴蒂奇
> 《和我说话，宝宝》

与角色建立情感联结

专家观点

孩子们与角色建立情感联结，要么是因为他们认同这些角色，并且能在这些角色的故事情节中看到自己，要么是因为这些角色能让孩子们从自己的已知世界中逃离，并给他们想象的自由。

阿曼达·戈莫博士，儿童发展专家

孩子们与角色建立情感联结有 4 种方式：反映、模仿、养育和不认同。这些角色可以反映孩子自己的生活和渴望，帮助他们学习，给他们安慰——这就是为什么与孩子们最喜爱的角色有关的故事，能够留下真正深刻印象的全部原因。

反映 一个孩子会在自己身上发现属于一个角色的某些特点，或者把一个故事和其中的具体情节与自己的生活联系起来。当他们将一个角色看作"和我一样"时，他们就会自然而然地认同这个角色和故事。小火车头托马斯（*Thomas the Tank Engine*）就是一个很好的例子——托马斯有时候会好心办坏事。《阿噗角的小屋》（*Winnie-the-Pooh*）里的小猪皮杰就是一个年幼的孩子的反映，因为他虽然个子很小，但是，却能做很多大事！小猪皮杰虽然会害怕，并且会犯错误，但他也表现出了非凡的勇气，以及对自己的朋友们真正的忠诚。

模仿 这意味着孩子希望自己在某些方面与角色一样。这些角色描绘了某些让孩子认同的真实情感，但他们的生活方式或存在方式让他们比上面所说的反映性的角色更受崇拜。《少年骇客》（*Ben 10*）和《强壮先生》（*Mr Strong*）就是很好的例子。如果一个孩子能够模仿一个角色，那么，这就是一种非常有力的情感联结。超级英雄们当然是典型的例子。说句题外话，当你考虑到这一点时，我认为电子游戏有那么强烈的吸引力的原因就相当明显了。一个孩子可以通过游戏将自己装扮成他所崇拜的角色。

养育 一直到 12 岁，孩子们仍然会在角色和故事中寻找一定的安全感。通过养育建立的情感联结，要么能让孩子照顾一个角色并成为"大人"，要么能用角色拥有的能力照顾读者来实现这种养育。《阿噗角的小屋》（Winnie-the-Pooh）里的袋鼠妈妈就是一个例子，她不仅养育了小豆，还给这些故事赋予了一种温暖的安全感和安慰感。

不认同 这能让一个孩子通过故事中的坏人，或通过一个好角色的顽皮行为，来探索这些角色的阴暗面。好角色的顽皮行为能让一个孩子与现实生活进行类比。他们会看到一个角色的行为产生的后果，并把他们从中学到的教训运用到自己的生活当中。《淘气包亨利》（Horrid Henry）、《顽皮小姐》（Little Miss Naughty）以及《消防员山姆》（Fireman Sam）中顽皮的诺曼都是很好的例子。

男孩

男孩们会发现很难安静地坐下来听故事，因为他们往往更好动。在 4 岁的时候，男孩的睾丸素水平会成倍激增。在这个年龄，他们变得对动作游戏、英雄游戏以及剧烈活动身体的游戏感兴趣。你可以利用这一点，给他们选择关于动作英雄的书、需要动手的书，以及能大喊并提升精力水平的书。

我刚刚从奥斯卡的幼儿园拿到一份成绩单，上面说他花在看书上的时间比一般孩子所花费的时间多。听到这个消息让我很高兴。从我把他带回家的那一刻起，我就给他读书，从黑白的书开始读起。现在他已经 15 个月大了，对一切事物都充满兴趣，那么活跃而忙碌。只有在我给他读书的时候，他才允许我把他抱在我的膝头上！他可以静静地坐上 20 分钟到半个小时，这样，我就可以好好抱抱他了。

卢，奥斯卡的妈妈

如何读

　　写一段关于如何给你的婴儿或学步期的孩子阅读的内容，似乎有点可笑，但是，我从自己的亲身经历以及对其他真正帮助孩子保持阅读兴趣的父母们的观察和交谈中，学到了一些窍门和技巧。

　　· **在你的声音中运用趣味、节奏和声调来改变你的语气。** 夸张的声音会很有趣——例如，用猛地倒吸一口气来表示极度惊讶或期待，或者用"哦，不"来表示任何危险的情形，等等。夸张地表演吧，孩子们会喜欢的！

　　· **使用不同的声音和口音表现不同的角色。** 你不必使用一种完美的口音。变换你的声音就足够了。例如，可以简单地让一个角色用低沉的嗓音说话，而另一个角色用刺耳的尖嗓音说话。

　　· **通过在一句话结束之前做短暂停顿，鼓励你的孩子把他熟悉的词补充上去。** 孩子们喜欢重复，并且喜欢显示出他们知道接下来是什么。

　　· **在图画上多花时间**，如果你的孩子喜欢这样的话。在他们学会说话之前，你可以问："我们能看到什么？"并回答："我们能看到一辆公交车和一条狗……"等等。等到他们更明白一些之后，你可以问他们："青蛙在哪里？""你能看见那辆拖拉机吗？"并让他们指出来。等到他们学会说话，你可以问："你能看到什么？"你还可以假装自己看不到某个东西；孩子喜欢知道得比你多！你可以试试说："我在哪儿都看不到那只青蛙，你能看到吗？"然后在他们寻找青蛙时对他们大加赞扬。

· **让书在生活中活起来！** 如果你们要去海边，要找一本相关的书——例如《露西和汤姆在海边》（*Lucy & Tom at the Seaside*）。有很多书都讲述海边发生的故事。在《莽撞先生》（*Mr Bump*）这本书里，莽撞先生掉进了海滩上的一个坑里。你们可以挖一个坑，并且说这是给莽撞先生准备的。然后，在海滩上或晚上回到家里时，把这本书再读一遍。

· **放慢节奏。** 当我们朗读时，往往会读得太快。要给自己充足的时间，从每个词和每句话里获得最大的快乐。如果你把一些词读得结结巴巴，也完全没关系。要记住，你的孩子真正喜欢的是享受你全身心的关注。

· **你不是必须要把整本书读完！** 如果孩子的注意力开始分散，就问问他们是否想换一本书——并且，要让他们选择。

· **在你读书时，要允许孩子津津有味地咀嚼健康的小零食。**

父母们常常会问应该花多少时间给孩子读书。就像很多事情一样，这个问题也没有一个简单明了的答案，并且在很大程度上取决于你的孩子，取决于你在什么时候给他们读书，以及你有多少时间。对于年龄很小的孩子们来说，5~10分钟可能就是他们的注意力持续时间所能达到的极限了。当他们再大一点儿，并且就寝时间变得更加规律时，我建议要抽出尽可能多的时间。到4岁的时候，路易斯和我一天晚上读4本书。这些书都是图画书，所以，阅读时间的多少仍然是可以控制的。当我们开始读章节书时，就把书的数量换成了章节的数量——一天晚上读1章、2章或3章，根据书的情况而定。

那些每周至少由家人给读书3次的孩子们，其阅读成绩进入前25%的可能性几乎是那些家人不那么经常给他们读书的孩子们的两倍。

《早期儿童纵向研究》，美国教育部

我还被问到什么时间是最佳阅读时间，对这个问题，简单的回答就是任何时候都可以。然而，实际一点，要将阅读时间固定在你每天一定能抽出来的时段——睡觉前是最常见的。三个B（洗澡Bath、读书Book、上床Bed）的惯例可以在孩子小时候就建立起来，并且应该会给你们带来很多高质量的亲子时光。

你可以变换给孩子读书的人——妈妈、爸爸、祖父母。如果有可能，要尽量使用充满信任和爱的声音。如果白天有其他机会吸引宝宝的注意力，能拉过一把椅子并拿起一本书的话，你就要抓住这个机会。无论如何，要确保你的婴儿，然后是学步期的孩子，接着是年幼的孩子知道，他们每天都有一段时间可以在你的怀里听你读一个故事。

如果你发现书籍很难吸引你的孩子，可以从任何他们反应积极的事情上找找线索。如果他们看起来喜欢那些能让你发出很大声音，或让你做动作、唱歌或刻意发出滑稽声音的故事，你要多找这种类型的书。你会发现，这是一个让你发现孩子更喜欢和不喜欢的事情的有趣方法。当他们长大一些时，要允许他们选择一本书来一起读；有时这意味着你要一遍一遍……又一遍地读同一本书！别担心——他们喜欢重复，并且这能够增强他们的安全感。

但是，如果每天晚上都读同一本书，的确会让人过于厌烦，你可以建议孩子挑选一本，你挑选一本。这样一来，他们就有两本书，而你也可以读些不一样的东西。（这还能让孩子早一点接触到分享与合作的观念。）路易斯说，他还记得在他蹒跚学步的时候我给他读书，他喜欢的是有"不受阻碍的自由选择权"。要记住，做一个学龄前的孩子真的不是那么容易的。选择非常有限——让你去睡觉你就不得不去睡觉（有时候你还不困），要吃掉你的绿色蔬菜和其他让人恶心的食物，当你不想分享的时候也要与其他孩子分享，要按照爸爸妈妈说的所有的话去做。所以，哪怕一星半点的独立，都会受到所有孩子的珍视，而且，如果你能把这种自由选择的权利与阅读联系起来，那就更好了。

如果你的孩子不能或不想做选择，这也没关系。有时候，太多的选择对于一个学龄前孩子来说是很难的。你可以通过提供两本书，并问他们想要哪一本，来努力让他们的选择更容易。我曾经发现这个方法在超市的杂志架前也非常管用。有时候，供路易斯选择的杂志太多了，所以，挑出两本杂志，并问他"你想要哪一本，这本还是那本？"就好多了。

阅读之家

　　阅读之家是任何充满了书籍、话语和故事的家庭——不论是书面的还是口头的。每个房间——浴室、卧室、厨房、洗手间、花园棚屋——都有可以阅读的东西。你在哪里都没关系，书籍、杂志和其他形式的作品都触手可及。书籍是家庭氛围和家庭总体印象的组成部分。

　　阅读之家背后有一个简单的理念：即使不能让找到可以阅读的东西比拿起iPad或打开电视更容易，也要让它们一样容易。如果你的经济条件不允许你把家里装满图书和杂志（或者即使你能做到），那就讲故事，让故事在生活中活起来，并给你的孩子讲讲当天发生的事情，并尽量把其中的人物和地点与他们在某本书中可能看到过的事物联系起来。或者，从朋友那里借书：与你的朋友和你在孕期所结识的其他家庭一起建立一个流动图书馆。可以把慈善商店、学校义卖会或跳蚤市场，作为廉价图书的其他来源以及寻找不同类型读物的地方。

　　一旦你在家里有了各种各样的图书，一定要把它们的封面朝外摆放，而不是书脊朝外。毕竟，书的封面是出版商为了给孩子们留下最深的印象而设计的，所以不要浪费封面！你甚至可以买到为展示图书封面而设计的书架。当你的孩子在起居室或游戏室玩耍时，要拿出三四本书——每天都不一样——并把这些书放到玩具中。你的孩子会习惯于在身边看到书，并自己拿起它们。书籍就变得与玩耍联系在一起了，而且，你永远不会知道，你可能会在正常阅读时间之外被孩子要求给他们读书！

　　除了在家里四处摆放大量儿童图书之外，即使在你的孩子这么小的时候，让他看到你快乐阅读也很重要。你是他最好的榜样，如果他看到你读书，他就会想模仿你。

要养成将书籍作为生日礼物和圣诞礼物的习惯。要让每个人都收到一本书成为一项家庭传统，并强调："我们在圣诞节时总是会得到一本书，不是吗？"然后，要表达期待："我真想知道今年你会从你的长袜里找到一本什么书。"

要把图书作为奖励和款待，并把它作为生日礼物送给你孩子的朋友们。还要给你的孩子们一些杂志。要表明任何种类的读物都是那么特殊而有价值，并且所有的阅读都是有益的。

> 一项基于 27 个国家超过 70,000 个案例的研究显示，"在排除父母的教育水平、职业和阶层的情况下，在有很多书籍的家庭中长大的孩子，比在没有书籍的家庭中长大的孩子多接受 3 年学校教育。"
>
> 《27 个国家的书籍与学校教育》，玛丽亚·埃文斯
> 美国内华达大学雷诺分校

读什么

对于未满 6 个月的孩子，只要开始有阅读习惯，你读什么真的不重要。可以给他们唱童谣，甚至大声朗读你正在努力抽 10 分钟看的小说或杂志。在这个阶段，重要的是阅读的声音和阅读惯例。

> 如果一个人不喜欢一遍又一遍地阅读一本书，那他读这本书就一点用处也没有。
>
> 奥斯卡·王尔德[2]

对于满 6 个月的孩子，宝宝书或洗澡书（bath book[1]）是更好的选择，因为这种书的重复性和结构有助于吸引并保持他们的兴趣。而且，这些书还设计得特别耐啃！随着你的孩子逐渐长大，你们一起读的书越来越多，你就能搞清楚他或她喜欢什么、不喜欢什么了。

你还可以利用书籍来帮助孩子了解新的经历。去看牙医，开始上幼儿园，新的弟弟妹妹的到来，甚至是当你进行如厕训练时——书对于让他们乖乖地坐着不动是很有用处的！出版商们非常擅长于提供涵盖所有这些场景的图书：《托普西和蒂姆》（*Topsy and Tim*）、《小鼠波波》（*Maisy*）和 Usborne 出版社的《我的第一次经历》（*First Experiences*）系列，都能帮助小孩子理解并熬过那些有时候感觉很艰难的时刻。

当你的孩子长到 1 岁左右时，要试试给他看翻翻书（life-the-flap books）。诸如艾力克·希尔（Eric Hill）的《小玻在哪里》（*Where's Spot*）和罗德·坎贝尔（Rod Campbell）的《亲爱的动物园》（*Dear Zoo*）对于培养孩子对读书的兴趣、期待和预期都很有好处。

滑稽题材的书也有很多。孩子喜欢欢笑，会要求你一遍又一遍地读他们最喜欢的书。这些书中的笑话，会成为你们共同

---

①Bath book，洗澡书。是专门为宝宝们洗澡时能够玩耍而设计的，一般采用 EVA（乙烯—醋酸乙烯共聚物）材料制作，安全无毒，不会伤害宝宝的皮肤，而且质地爽滑细腻，韧性极强，宝宝再怎么撕咬、抓捏都不会轻易坏掉！让宝宝们边洗澡边玩书，可以帮助宝宝消除对水的恐惧，让宝宝渐渐爱上洗澡。——译者注

②奥斯卡·王尔德（Oscar Wilde，1854~1900），英国人，最伟大的作家与艺术家之一，以其剧作、诗歌、童话和小说闻名。——译者注

的家庭语言必不可少的组成部分。

如果你的孩子对于阅读技巧感兴趣，那么，你可以帮助他们读出字母的发音，但你不要有教会他们读书的压力。等他们上学的时候，把这件事留给学校吧。在家的读书时间仅仅是为了展现并分享阅读的快乐和喜悦。

应该做和不要做的事情

以下是一些可以用来鼓励你的学龄前孩子养成阅读习惯的方法。

应该做的事情

√ 每天都要读一个或几个睡前故事。不要有例外。（记住3 个 B！）

√ 让孩子选择想让你读的睡前读物。

√ 任何时间、任何地方都可以给孩子读书，但有一些固定的时间也很好。当你的孩子开始上幼儿园或托儿所时，他的生活会变得更加有规律，所以，要尽量确定一个固定的时间，坐下来一起读一本书。

√ 要给孩子唱或读一些童谣和诗歌。孩子们喜爱节奏和韵律。

√ 每次外出时都要带着书。

√ 要早点儿给孩子读有角色的图书。孩子们会对他们最喜爱的角色产生认同感，并热爱他们自己的流行文化。随他去吧，即使你觉得紫色的恐龙让人扫兴！

√ 要尽量对屏幕时间说"不"！

√ 有时候，要让年龄大一点的哥哥姐姐、表兄弟或邻居的孩子们，给年龄较小一点的孩子读一个故事。听听一个孩子的语调变化和孩子对故事的理解。

√ 当你们外出时，要寻找与一起读过的书中有关联的事物。

不要做的事情

✕ 永远不要把不给孩子读故事作为一种惩罚。永远不要把读故事与负面的事情联系在一起。你是在努力让阅读、故事和书籍成为快乐和有趣的同义词。

✕ 永远不要对孩子所选的图书表现出厌倦。

✕ 不要让电视机或带屏幕的设备出现在卧室里。否则，这必定会让阅读成为娱乐活动的最末之选！

近期，美国一项对 2623 名孩子进行的研究发现，那些在 1~3 岁就看电视的孩子，"到 7 岁时出现注意力问题的危险会大大增加"。

发表在《儿科学》（Pediatrics）杂志上的评论

问答

我就是没有时间坐下来读书。总有太多事情要做。我该怎么办？

时间的长短并不像阅读惯例那么重要。每天花 10 分钟与你的孩子一起读一本书或杂志，将会给你和你的孩子在未来带来十倍的回报。

我儿子连两分钟都坐不住。我怎样才能让他在我腿上坐 10 分钟？

找到一天中他最安静的时刻，让他坐下来。给他一些可以咀嚼的东西，或者给他一点零食，或能拿在手里的东西——或许是他最喜爱的一个玩具。对于最好动的孩子，可以试试睡觉前的时间。

如果我的孩子无法集中注意力听完一个故事怎么办？

选择不具有连续性情节的书——例如知识类图书——这样，孩子就没有必须记住已经发生的故事情节的压力了。一个非常难以集中注意力的学龄前男孩的父母告诉我，在睡前让他坐下来看一本地图集，解决了他在床上疯狂蹦跳和对书缺乏兴趣的问题！

我的两个孩子处于不同的年龄阶段——我应该怎么给他们读书？

最好的方法是，让他们每人挑选一本由你分别单独读给他们听的书，再挑选一本你可以给他们俩一起读的书。如果你允许他们每人选一本书，并由两个孩子轮流挑选供你给他们一起读的书，你就能让两个孩子都开心。要通过让大孩子帮助你读一些词或句子来鼓励较大的孩子，具体情况取决于大孩子的年龄。

发展阶段

以下是学龄前孩子的一些重要的发展里程碑：

从出生开始：伸手够东西；笑；微笑；抓握；从只能看到黑白两色发展到能够分辨色彩。

从 6 个月开始：开始理解顺序（例如白天过后是夜晚）；喜欢重复；能够抓住东西并把它们拉到自己跟前。

从 12 个月开始：一遍又一遍地选择同一本书；开始使用翻翻书；开始发出可辨别的声音，并对自己名字有反应。

从 18 个月开始：开始运用逻辑推理，将形状分类，完成拼图（不超过 8 块）；形成节奏感；受到鲜艳的颜色和触觉体验的吸引；能识别标志和符号；能涂鸦；喜欢带有有趣的语言、声音和韵律的重复性文字；可以跟随书页上的词，并知道顺序；能使用 3 个词（其中包括 1 个动词）组成句子；能够握住一支铅笔并使用触摸屏。

从 3 岁开始：五个孩子中有两个可以说出 5~10 个字母；喜欢听并开始复述简单的故事，喜欢有韵律的文章以及有熟悉角色的重复性的故事；能说出图画书或杂志上的常见物品；理解词语的顺序（从左到右）；能够在上下文的背景中认出一些词，并能认出书页上的代表词语的发音的字母；拥有更好的运动能力——可以自己吃饭，并开始理解别人会用与自己不同的方式看事情。

给父母们的提醒：每个孩子的成长发育速度很不一样，并且会在不同的年龄掌握不同的技能——通常是由一个孩子所处的环境决定的。然而，不论他们在什么年龄获得这些技能，都是按照顺序获得的，所以，孩子们是在之前所掌握的较为简单的技能的基础上，逐渐获得更复杂的新技能的。举例来说，在一个孩子掌握大运动技能这一肌肉运动的基础之前，她或他是无法学会用精细运动技能来书写的。最重要的是，要记住，没有哪两个孩子是完全相同的！

第 3 章

开始上学：5~7 岁

书籍不应使人畏惧，而应是有趣、令人兴奋而美妙的；并且，学习做一个爱读书的人，会给孩子带来很大的优势。

罗尔德·达尔

在很多家庭里，孩子一上学，就会发生一件事——父母不再和孩子一起读故事了。我已经无数次见到这种情况。大量需要考虑和经历的令人不知所措的新事情，会破坏学前阶段已经很好地建立起来的惯例。在自备午餐、接送孩子上学、出游和放学后的疲惫中，坐下来一起读一本书的乐趣消失得无影无踪。为快乐而给你的孩子读书，也被让孩子们成为独立的阅读者这一合情合理的强烈欲望所取代。阅读变得不再是为了享受故事，而更多地是为了获得技能。令人担忧的是，正是从这时起，我们开始看到父母给孩子读书的时间急剧减少。

孩子开始上学，也让新的外界因素进入了你的家庭生活：其他的孩子及其父母们，不同的做事方式，不同的游戏方式。

只要你们已经养成的（或想要建立的）阅读习惯在此过程中不丢失，这些就都是好事。

专家观点

孩子开始上学前建立起来的阅读惯例在上学后能够得以长期延续，是非常重要的。我们确切地知道，那些在5岁后仍然有人给他们读书的孩子，他们自己会更经常地为快乐而阅读，并且在学校里的很多科目都会表现得更好，而不仅是语文成绩，从小学直到中学都是如此。

戴维·瑞迪，读写专家

本章谈的是如何对待你的孩子从家、日托或幼儿园到学校的转换。重要的是，你要知道如何让你的孩子在学习独立阅读技能和继续保持为快乐而阅读之间保持平衡。

你的孩子上学了

这是一个令人如此兴奋的时刻：你的孩子要开始上学了，并将在头几年里学习如何阅读。大多数孩子会发现，学习阅读是令人兴奋的，而父母也会为孩子的进步激动不已。很多孩子都能够毫不费力地完成这个转换——一点点地学习，并享受这个过程。对另一些孩子来说，这个过程就完全没什么乐趣了。他们可能会发现这个转换过程困难重重，进而逐渐失去信心。对于少数孩子来说，这个转换过程甚至会使他们完全丧失对阅读的兴趣。

很多父母也发现这是一段艰难的时期。惯例需要改变，你的孩子在放学时常常变得疲惫并爱发脾气，而且，每天晚上也不再有那么多时间去做所有你想做和需要做的事情。还要面临额外的焦虑和挫折——你希望自己的孩子成为一个独立的阅读者，既是为了孩子们自己的快乐，而且说实话，也是为了你自己打算。给他们读书，成了每天晚上非常有限的时间里的一件可有可无的事情。平衡他们的生活需求和你的工作以及忙碌生活中的每件事变得越来越困难。于是，找出时间和精力来保持或培养阅读习惯，往往就不是一件有吸引力的事了！

此外，学校里的阅读是与学龄前阶段舒适地阅读图画书非常不同的。从你的孩子的角度想一想：直到他们开始上学，你给他们读书的时间，都是他们能够放松身心，享受你心无旁骛的关注，以及故事所带来的魔力的时间。一旦他们开始上学，阅读似乎就有了一百八十度的转变。他们可能很早就得到了一个信息——阅读现在是一项需要学习的任务，而且还常常是一项给人造成压力的任务。

很多孩子从学校回到家时，会说他们每天晚上不得不阅读15~20分钟。他们对此别无选择。尽管你孩子的老师说，这是因为大声朗读是学习阅读和理解所读内容的一个最有效的方法，但是，其中的"不得不"可能会使一些孩子对阅读失去兴趣。

解决这个问题有两种方法。第一种方法可能听起来是显而易见的，但一定要确保你的孩子喜欢学校要求阅读的书。如果他们不喜欢，你要把这一情况向老师做出解释，并试着用一些更有吸引力的、或许是滑稽或有趣的书来代替，以激励他们阅读。第二种方法是，不要用学校要求阅读的书作为睡前故事。我见过很多父母，他们在不知不觉中剥夺了孩子的快乐，因为他们想一举两得，把学校指定的书变成了睡前故事——关注孩子们完成阅读任务而不是故事带来的快乐。在他们意识到这个问题尽管我们人类用了大约2000年，才在认知上取得了学会读字母所需要的突破，但是今天，我们的孩子们不得不在2000天左右的时间达到同样的目标。

玛丽安娜·沃尔夫
《普鲁斯特与乌贼》

之前，睡前阅读就成了完成阅读作业，而不再是简单的快乐和开心。它甚至变成了一个冲突点，变成了孩子所恐惧的事情——它不再是连接父母与孩子的纽带，而成了引起争端的事情。

在过去几年里，我已经和很多很多老师谈论过入学过渡期的问题。他们强调了这种转换中的两个方面。第一个方面是，在孩子学习阅读的时候，父母和老师需要同心协力，强化快乐阅读的习惯——这在很大程度上是一种合作。第二点，关注的焦点应该放在家庭阅读带来的快乐上，而不是阅读成绩——把这件事情留给学校就行了。

事实上，大多数老师对于学校需要把几乎全部注意力都放在教阅读技巧上感到很遗憾。学校的课程设置重点关注测验和衡量孩子的技能，时间非常紧张，课程表排得满满当当，很多老师说，他们根本没有足够的时间放松下来，纯粹为了快乐而读一个故事——例如，不用测验孩子对故事的理解。你可以看到，这种情形是如何向孩子发出了一种信息，即阅读更多地关系到学习而非其他。

专家观点

学校和幼儿园会鼓励孩子形成自然拼读意识，并初步认识字母与发音的联系。然而，这不应阻止父母帮助孩子学习阅读。如果一个孩子从幼儿园回到家，并问："这个词是什么，妈妈？"或"这个词里有几个音节？"父母不应感到自己不应该回答这些问题。

戴维·瑞迪，读写专家

作为父母，当你的孩子开始上学，他们的世界发生如此巨大的变化时，你很容易拿不准自己在孩子的阅读中所扮演的角色。曾经有一些父母问我，他们是否应该停止给自己的孩子们读书，或者他们是否真的能够在学校阅读方面帮助孩子，因为他们自己没有学过自然拼读法，而且对它们也没有任何了解。父母们想"或许最好把阅读全部都留给学校，留给专家？"如果你这样做，你就是在剥夺你的孩子的一种非常快乐的体验，拒绝给予他们（和你自己）美好的亲情心理联结的时光，而且，最重要的，是在给他们传递关于阅读的负面信息。

我对这个问题的回答是，你绝对应该继续与你的孩子一起读书。好消息是，你做的只是向孩子显示阅读的快乐。多达95%的老师将父母视作对孩子的快乐阅读有最大影响的人，而且，他们一致赞同父母和学校需要一起努力，以鼓励孩子成为热爱阅读的人。所以，继续给孩子读书吧！

阅读习惯

随着你的孩子渐渐长大，强化阅读习惯变得越来越重要。在学龄前阶段，你是你的孩子的整个世界，而且毫无疑问，也是对他影响最大的人。学校让你的孩子离开你，进入另一个更广阔的世界——尽管你在很大程度上仍然是这个世界的中心！在这个新世界里，外界的影响开始从各个角度侵蚀：学校、老师、新朋友，以及各种需要去做、去探索和去享受的新事物。

在家里的阅读习惯，可以为正在进入这个广阔新世界的你的孩子提供安全感。家是一个他们能回来，并且能让他们放心原先的世界依然存在，并与原来一样充满了舒适与确定性的地方。毕竟，学校可能会令人不知所措。努力与陌生人交往是困难的，而努力理解并适应一个新环境里的新规则和新惯例也让人倍感压力。知道家里的惯例像以前一样继续着，会给他们安慰。家给他们提供了一个不必担心学习和接受新挑战的地方。

专家观点

阅读习惯对孩子们的情感发展是有益的，也有助于保持他们对阅读的热爱。在经历变化的时期，孩子们常常看上去在退步，所以，如果他们选择了对他们来说过于幼稚的图书，不用担心——每个人都会不时地需要一点儿让自己感到安慰的东西。

阿曼达·戈莫博士，儿童发展专家

你们在家里保持的阅读习惯和惯例，能够成为孩子们的一个精神支柱，并给他们安全感。我记得在路易斯刚开始上学的头几天，他非常不想去学校。为了分散他的注意力，也为了安慰他，我在送他上学的路上常做的一件事，就是跟他谈论一本他最喜爱的书，并说我是多么期待在睡觉前和他再把那本书读一遍。

通过坚持阅读习惯，你就是在向孩子传递一个信息：阅读是你们家庭生活中的一个重要组成部分。通过这样做建立起一种信念和认可——在我们家就是这样——这是我们家庭认同的一部分。

那些在5岁时经常由父母给他们读书的孩子们，在16岁时进行的全部3项测试中取得的成绩，都好于那些没有得到这种帮助的孩子们的成绩。

教育研究所的研究，2013年9月

那么，当你的孩子在费力地破译文字和自然拼读法并面对学校里发生的所有变化时，你应该如何强化或培养快乐阅读的习惯呢？

📖 为阅读做出承诺

最简单的事情之一，就是承诺每天给你的孩子读书，或和他一起阅读。当然，有些时候你做不到——我们不完美的生活现实意味着我们会受到严重缺少时间、各种压力或孩子的看护安排的阻碍。但是，通过坚持一个阅读惯例，你们就可以创造一个亲密的天堂——尤其是如果你牢牢记住，在那些几乎无法读书的日子里，这是你最不想放弃的一件事情时，你通常都能找到一起阅读的时间。

如果你们从学龄前阶段就已经留出了一段时间，就要保持下去。你可能需要稍作调整：或许你将不得不把每晚 4 本书减少到 3 本。或者，你可能需要调整一天中的时间安排。如果你不工作，为什么不考虑尽量在孩子一放学就找出 10 分钟呢？要和孩子一起在一个地方坐下来，拥抱一下，吃点东西，并分享一本书。要让这段时间成为学校生活结束和家庭生活开始的一个惯例——你会和孩子一样享受这段时光的！睡觉前是一天中另外一个常被用来阅读的时段，但是，有时，即便在这种时候，时间也可能很紧迫。如果出现这种情况，只需向你的孩子解释你现在太忙了，可能只能读一本书，但是，等到周末，你们将有时间读很多书。然后，要让阅读成为周末最重要的事情。

你要向自己承诺，每天最少花一段时间，比如 10 分钟，和孩子们一起读书，但要尽量多读一些时间。这确实很管用。

我曾经请250名英国小学教师思考以下问题：什么能对孩子们的快乐阅读产生最大的影响？以下是他们的一些回答。

在上学日为孩子们留出专门的读书时间，并有藏书丰富的学校图书馆。

公众的态度是认为老师应该做所有的事情，而父母的努力并不是那么重要，但是，父母们起着至关重要的作用，而老师在课堂上所能做到的只有那么多。

在上学日为全班留出更多的时间一起阅读、配对阅读以及其他形式的阅读。学校里的很多阅读都是因为我们和他们不得不读，而不是为了快乐。

看到他们自己的父母为快乐而阅读。听到自己的父母完全为了分享一本书的快乐而给自己大声朗读。老师有机会给全班读一本书，而不必为这本书做作业。

讲故事——孩子们太喜欢听故事了，怎么听也听不够。

有更多的时间在班里分享各类图书，没有"教学任务"——只是大家一起阅读。

让父母们看到阅读对于孩子未来的成功是多么关键；他们应该经常和自己的孩子一起阅读，并讨论读过的书和故事。

学校要给父母们举办关于鼓励孩子阅读重要性的讲习班。

要让父母们知道，在童年时期，孩子较晚才开始喜欢独立阅读没关系。

老师们要给孩子们读各类图书，并且示范良好的阅读习惯：例如，当孩子们在图书馆阅读或默读的时候，老师也要阅读。父母们要更经常地给孩子读故事或和他们一起读书。

请作者或专业作家经常到学校来，以激励孩子们。

父母要多参与孩子的阅读。

留更多的时间大声朗读，既读故事也读诗歌。

要花时间了解孩子以及什么类型的书可能吸引他们。

📖 学习阅读与快乐阅读不是一回事

要把做阅读作业或读学校分级阅读计划的书籍（school reading scheme books），与你们的快乐阅读时间分开。要确保在你的孩子的头脑中将这两者明确区分开："现在去做学校的阅读作业，过一会儿我们来读一个故事。"要让睡觉前的时间（如果这是你唯一能为快乐阅读挤出的时间）成为读故事的时间，在吃早餐时、放学回家后或者甚至在早晨坐公交车时，读学校要求读的书。永远不要在睡前读学校要求阅读的书。对你和你的孩子们来说，这大概是一天中最不合适的时间，并且很容易导致孩子（和父母！）发脾气并闷闷不乐。

还要当心，不要把你的孩子阅读的进步程度与其他孩子的做比较。与我交谈过的一个 5 岁孩子的妈妈承认，她会忍不住去看来她家做客的孩子们的书包，因为她想知道他们达到了哪一级阅读水平。这种焦虑和竞争心态会传递给你的孩子，而且这不会有任何益处！当你的孩子做好准备时，自然就能学会流利地阅读。拥有一个较晚学会阅读而热爱阅读的孩子，要好于一个早早学会阅读而不喜欢阅读的孩子。

重要的是要记住，没有所谓的"典型的孩子"，在不同的年龄学会阅读是很正常的。一位三年级的老师告诉我，根据她的经验，她的班级里有一些学生仍然在读学校的分级阅读计划里的书，另一些学生读简单的章节书，例如《淘气包亨利》（*Horrid Henry*），而其他孩子读《哈利·波特》（*Harry Potter*）或《阿特米斯全集》（*Artemis Fowl*），都是完全正常的。

最近，一个 5 岁孩子的妈妈告诉我，当她的女儿开始上学时，她几乎放弃了给女儿读书，但是她接受了建议，重新开始了睡前阅读：

这让我再次爱上了阅读。它使我意识到我们一起度过的时光有多么重要。我意识到我必须每天都这样做。现在，我尽量每天给孩子读书 10~45 分钟。昨天晚上时间很紧，但我们还是坚持读书了。她现在已经开始看章节书了，所以，每天她会给我读一章，然后我给她读一个故事。

艾米丽，史黛拉（6 岁）的妈妈

📖 要始终鼓励孩子

随着孩子们对阅读内容的理解——他们终究会理解的——你将会看到他们达到独立阅读的那一步。但是，不要落入陷阱，认为仅仅因为他们能够阅读，就会去阅读。很多孩子此时热爱阅读，他们阅读得很流畅，并且喜欢能够独立阅读所带来的新奇感。这是一件如此美好的事情。有些孩子可能有能力独立阅读，但不愿意这样做。然而，对于这两类孩子，都不要置之不管。不论你怎么做，都不要停止发挥你的作用——给你的孩子读书，或和他一起阅读。有很多父母认为，他们的孩子们能够独立阅读就意味着可以放手不管了。这不像骑自行车，所以，不要太快放开扶着的手！

为什么你应该继续参与呢？因为当今的环境中充满了令人分心的事物，以及比阅读更直接的娱乐。一旦孩子们获得了阅读技能，并不意味着他们就会为了快乐而继续使用这种技能。即使你的孩子现在对阅读很热心，我可以向你保证，随着受到越来越多的同龄人压力，并接触到数字世界，智能手机、APP和游戏机将吸引他们的注意力。在无事可做时，他们会打开电视，或拿起 iPad 或手机，或手边随便其他什么东西，而不是拿起一本书。当然，这样做并没有什么错——但是，你需要达到一种平衡。

要监控屏幕时间，但不要因为禁止所有的科技产品，而让阅读成为孩子的敌人。要记住，阅读只是一种习惯——有点像刷牙，但要有趣得多！你越经常做，就越有可能成为一种持续终生的习惯。

📖 无论去哪里都要带上一本书

任何时候，当你们外出时，都要让你的孩子挑选一本书塞进他们的背包里（连同他们喜欢的零食）。这有助于强化书籍和阅读是他们的生活中令人兴奋的一部分这个理念。

> 在5~7岁的孩子中，平板电脑的使用比例在一年之内翻了一倍。现在，34%的孩子使用平板电脑——去年为17%。这个年龄也是使用智能手机玩游戏的高峰——90%的5~7岁孩子使用智能手机并在上面玩游戏。
>
> 《数字时代英国儿童的图书消费》，鲍克，2013

男孩和女孩

男孩和女孩是不同的。荷尔蒙产生的影响是不可否认的。这些差异是天生的。例如，睾丸素使男孩天性好动，以促进其肌肉的生长，而女孩则发现安静地坐着更容易。女孩往往更灵巧，所以她们发现握着一支铅笔书写更容易。她们的腕骨通常在 4 岁半时就发育完全了，比男孩早了整整一年。男孩大拇指的肌肉也比女孩发育得晚，所以，用拇指和食指握笔书写就更困难。男孩的精细运动技能发育通常能比女孩延迟多达一年，所以，他们会发现握住一支钢笔或剪刀的难度极大。更一般地说，男孩成熟得比女孩晚：到六岁或七岁的时候，女孩在社交、情感、认知甚至身体方面的成熟程度，都要领先男孩 6~12 个月。

另一方面，在大脑中涉及定位和空间记忆的区域，男孩要比女孩早成熟 4 年左右。这意味着一个 2 岁的男孩用木块搭建出一座桥的可能性，比一个 2 岁女孩要高 3 倍。然而，在教室里，这种能力或许较少受到注意，受重视的往往是乖乖地坐好和集中注意力。

所以，你可以看到，为什么学校教育中要求的技能对于一些男孩来说可能较难达到。这会让男孩隐隐约约地感到自己不如女孩，因为在刚开始上学的头几年里，他们的身体尚未发育到能够成功地应付学校教学、测验和评估的程度。他们可能很容易感到自己达不到要求。我记得有一个周末，当时 5 岁的路易斯正在涂颜色。他变得非常生自己的气，因为他总是把颜色涂出线外。他把铅笔扔到了房间的另一头，并喊道："我就是做不到，而所有的女孩都能做到。"

似乎男孩和女孩之间的这些先天的差异还不够，我们的社会还制造了更多差异。不同的荷尔蒙是天生的，但是，社会期望却是后天习得的。有一些我们都熟悉的成见——男孩总是和高大、强壮、吵闹、好动、蓝色、不能长时间安静地坐着阅读联系在一起。女孩则生动活泼而肤浅，喜欢做公主和仙女，常常与粉红色、沉静以及能更好地集中精力读书联系在一起。

是的，男孩和女孩是不同的，但这仅仅意味着他们是不一样的，并不意味着谁比谁更好。无论有什么不同，都不应成为否认阅读能给男孩带来快乐和终生好处的一个理由。可是，这种情况确实在发生。我常常听到父母们说他们对自己的儿子缺少阅读兴趣的看法，并且常常是当着男孩的面说出来。一个妈妈对我说："他不想阅读，他是个男孩，你还能期望什么呢？"而她5岁的儿子当时就坐在她旁边。这当然给了这个男孩不阅读的许可——它成了一个自我实现的预言。

专家观点

　　女孩常常因为安静地坐着读书而受到赞扬，并且她们会比传统上认为更活泼好动的男孩得到更多成为"优秀阅读者"的正面强化。这会让男孩很少有动力来坚持阅读有挑战性的内容，从而使问题恶化。这导致男孩认定自己不擅长阅读。读写困难在男孩中的高发生率也让这个问题更复杂了。

阿曼达·戈莫博士，儿童发展专家

　　有趣的是，从这么小的年龄就能看到男孩媒体偏好的不同。2013年，英国通信管理局①的一项调查审视了孩子们最留恋的媒体活动。对于5~7岁的孩子，排名第一的是电视（57%）。但是，最明确体现出性别差异的媒体活动是玩电脑游戏：28%的男孩最留恋电脑游戏，与之相对，女孩中的比例是12%。不论这是因为男孩更容易接触到电脑游戏，还是因为他们天生就会受到吸引，或是因为社会认为这对男孩们来说很正常，男孩往往会比女孩在更小的年龄更经常玩电脑游戏。或许，这反映了另一

---

　　①Ofcom，Office of Communications 的缩写，即英国通信管理局，是英国通信监管机构。——译者注

种性别差异：男孩的眼部结构更适应动作和方向，这也是为什么他们有更好的空间视觉和记忆力——这是另一项在上学的头几年中未必是一种优势的关键生理差异。

我为何要告诉你这些信息呢？为什么要把焦点放在男孩身上呢？答案是，在这么小的年龄，男孩可能被剥夺学习和阅读的权利。你的儿子把阅读与快乐联系起来，喜欢有人给他读书和阅读，是至关重要的。这将使他感觉受到重视，并增强他的自尊。

新惯例

一旦你的孩子习惯了上学，并且心境更加平静，就要尽量找到你们能安静下来读书的固定时间。如果父母双方都要上班，或者你是一个单亲父母，只能抽出时间在睡前给孩子读故事，那也不要绝望，只要使之成为一个常规就可以。要在每个周末安排一些时间给孩子读一两个故事，并且要尽量使之成为一段特别时光，一段你的孩子期盼的时光。我认识的一个家庭通过在每个周末留出半小时时间全家人一起读书，来鼓励他们 6 岁的孩子。妈妈、爸爸、6 岁的孩子——连同他们的两岁的孩子，一起读他的关于挖土机的图画书。

如果你是一个男孩的父亲，你自己尽量花时间读书真的很重要——孩子们需要榜样，而且男孩需要男性榜样。你儿子的学校生活很可能被女性主宰（绝大部分小学老师和看护者都是女性），所以，花时间和他们一起读书是极其重要的。

专家观点

对爸爸们来说，最重要的事情，是要理解如果孩子们看到自己的爸爸读书，他们自己就更有可能喜欢阅读。有证据显示，男孩在阅读方面远远落后于女孩——这突显了父亲们在阅读方面要像给女儿做出的榜样一样，成为他们的儿子的正面榜样有多么重要。

韦弗·伯德，英国图书信托基金会①首席执行官

我的父亲给我和我妹妹读书是我最早的记忆之一。我认为，没有他在每天睡前给我们读书，我们都不会成为今天的我们。我们家里的每个人都以令人吃惊的速度阅读。从趴在爸爸的肩头听他读书，到在他给我们读书之前先偷偷看看书上的内容，再到我自己阅读，这是世界上最自然的事情了。我的父亲工作时间很长，但是，我们知道这一段时间是属于我们的，即使我们在一天之中只有这个时刻才能见到他，这使这段时间变得很特别。我现在还记得他给我们读威廉姆的书时的声音……

约翰·海瑟（John Heaser），booktrust.org.uk

📖 **玩追赶游戏**

如果你和你的孩子还没有形成阅读习惯，也不要担心——开

---

① 英国图书信托基金会，即 Booktrust，始建于 1921 年，是目前英国最大的阅读慈善组织，其目的是通过阅读改变生活。他们鼓励孩子及其所在的家庭读书，并且在孩子出生的第一年里，每位孩子的父母都能收到该基金会送出的一本书。他们还组织许多文化活动，并管理众多文学奖项。——译者注

始一起阅读永远都不晚。如果你们刚刚开始建立阅读惯例，最好的方法是提前一点让孩子知道这个想法。或许，要确定一个特定的日期（学期开始、半学期的时候，或一个特殊的时机，例如生日或度假时），以便你们能形成期待，并开始挑选你们想一起读的书。

当你的孩子开始上学时，养成并保持阅读习惯，对于培养未来若干年中的阅读习惯是至关重要的。而且，要记住，这样做不只是为了学习阅读——这是为了让快乐阅读成为习惯。

> 对于学业成功来说，快乐阅读比家庭的社会经济地位更重要。
>
> 经济合作与发展组织①报告，2002

如何读

在学校里，老师在帮助你的孩子学习阅读技能。在家里，你在帮助你的孩子爱上阅读。你需要确保你们坚持阅读惯例，还要为阅读创造适当的环境，并尽可能让它有趣！你希望你的孩子真的期待你们一起阅读的时间。

---

①OECD,Organization for Economic Co‐operation and Development，经济合作与发展组织，简称经合组织。成立于1961年，是由34个市场经济国家组成的政府间国际组织，旨在共同应对全球化带来的经济、社会和政府治理等方面的挑战。——译者注

📖 适当的环境

　　创造适当的环境和安静的时间，是最有挑战性的事情之一。孩子的生活总是忙碌而喧闹的：为上学做准备，疲惫并且常常紧张不安地回到家，朋友来家里做客，出游，参加课外兴趣班。在家里，手机、平板电脑和其他游戏装置触手可及。而且，不仅仅是孩子：如果你是上班族，你的手机可能会在你正式下班后的很长时间里，因为短信或邮件而叮叮当当响个不停！时间被来自各个方面的让人分心的事情无情地填满，以至于我们能安静下来的时间变得越来越少了。

　　如果你希望你的孩子阅读，他们就需要安静的时间，让自己集中精力，沉浸在故事中。然而，我见过很多孩子在无事可做时拿起一个数字设备，而不是一本书或杂志。如果你希望你的孩子阅读，你就需要挤出这种安静的时间，让阅读在孩子心里扎根。

　　你怎样做到这一点呢？最简单的方法就是限制屏幕时间。把所有的电子设备关闭半小时，并惬意地读一本书。一位母亲告诉我："有时候我确实会感到内疚，因为我女儿可能正在吃晚饭，而我正在用电脑。所以，我会关掉所有设备，我们依偎在大床或沙发上读书，她喜欢这样。我想，她喜欢这样的'妈咪时间'。她喜欢我全身心的关注，不受任何其他影响。我希望她将来也能为她自己的孩子做同样的事情。"这是一个好方法。要尽可能让孩子感到舒服并有安全感，为了你也为了你的孩子，要关掉令人分心的屏幕。如果有工作上的邮件或朋友的短信，要忽略它们，直到你和你的孩子度过不受打扰的阅读时间。

　　随着孩子逐渐长大，屏幕时间会变得难以监督，所以，你要在自己家里制定关于屏幕时间的规则。毕竟，孩子们是喜欢界限的！他们会激烈地反对界限，但在内心深处，他们喜欢知道规则是什么，并且喜欢规则得到公平地执行。例如，为什么不同意孩子在周末玩 Wii、Playstation 和 iPad 呢？一位母亲告诉我，她的儿子既热爱阅读，也喜欢玩电子游戏。他们制定了两条简单的规则：他的卧室里不许有屏幕（包括手机），并且他在睡前要有一段固定的读书时间。这就足以确保他继续喜欢阅读了。如果这些办法在你的家里不太管用，就要找到其他规则，但要坚持执行。关于屏幕时间的更多内容见第 1 章。

📖 增强故事的魔力

要利用你们一起读故事的机会（例如在睡觉前），增强故事所带来的乐趣。要始终记住，你的目标是逐步培养他们对阅读的终生热爱。

通过选择一个角色，然后用你孩子的名字代替角色的名字，你和孩子都能从中获得极大的乐趣。孩子们喜欢"进入故事"所带来的兴奋感。我曾经在读珍妮特·阿尔伯格和阿兰·阿尔伯格的《警察与强盗》（*Cops and Robbers*）时用过这个方法——把皮尤警官变成路易斯警官。因为要把皮尤改为路易斯，我有时候会结结巴巴地说错——经常说成了"皮路易斯"！——但是他一点也不介意。孩子是非常宽容的，你不必做到完美。他喜欢进入故事中，喜欢能够"做"他在书中看到的各种事情。再说一遍，孩子们在现实生活中所能做的非常有限，他们非常喜欢假装自己真的能做各种事情，比如抓住一个强盗。

如果可以的话，你要让故事在现实的世界中活起来。如果你们在读一本书，比如《大喊大叫的亚瑟》（*Shouty Arthur*），你们可以带上一部相机或一个笔记本去寻找野生动物，就像书中的主角亚瑟一样。

你可以通过假装自己累了，并且想休息一会儿，来让你的孩子为你读书，然后，拿着一杯茶坐下来，与孩子调换一下角色，说："我真的很喜欢你给我读书。"孩子们喜欢假扮成父母！

你可以为你的孩子们制作或购买藏书票，并让他们在上面写上自己的名字。这会让他们产生拥有感。书籍就会在他们心中变成更有价值的东西。

📖 帮助孩子延长注意力持续时间

当孩子开始上学时，他们的注意力持续时间会开始变长。注意力分为两种类型：聚焦性注意力是对刺激的一种短期反应，它非常短暂——或许会持续 8 秒；大量使用屏幕会强化这种短期注意力。你的孩子需要逐步形成第二种类型的注意力：持续性注意力，这一般会持续 20 分钟（尽管在这种模式中，我们能反复集中注意力，所以，这并非完全是一段连续的时间）。这种类型的注意力就是使我们能够在学校上一堂课、看一部电影或读一本书的那种注意力。为了帮助孩子培养这种持续性注意力，可以试着在读一个故事的过程中停一下，并问他们认为接下来可能会发生什么，或一个角色为什么会做某件事。这会保持他们的注意力和对故事的专注。

📖 赞扬任何独立阅读的尝试

随着你的孩子独立阅读能力的增强，他们或许想向你显示自己识字和独立阅读的能力。所以，当你们在读一本图画书时，你可以说："你会读这个字 / 句子吗？"对他们的任何努力都要说"做得好"。要用大量的正面语言，并赞扬他们。比如，"一会儿我们告诉妈妈你会读这个了！""等一会儿妈妈来了，你或许可以再读一次！"或者"让我们给爷爷奶奶打电话告诉他们吧，他们一定会非常高兴！"

📖 变化声音

如果你是一位需要上班的父母，并且能够按时回家，要把睡前阅读作为与你的孩子共处并听听他们当天在学校的生活的机会：毕竟，还有什么比这更能让人放松的方式呢？如果你做不到，就要承诺在周末和孩子一起读书，如果工作日的睡前阅读是由你的配偶或伴侣来完成的话；即便你不是孩子的主要照料人，你也可以起到一种非常特殊的作用。要请孩子的祖父母、姑姑、叔叔——任何一个拥有孩子熟悉的、信任的并感到安全的嗓音的人和孩子一起读书。这是一个好方法，能表明你们的大家庭是多么重视阅读，并增强阅读是一件有趣的事情这一观念。

📖 管理你的时间

如果时间真的非常紧张，并且你在尽量给你的孩子们挤出时间读一个故事，你可以通过让每个孩子挑选一本书，并在你读每个孩子选的书时，让他们一起听，将阅读时间合并起来。有时候，如果有可能，要鼓励大孩子给小孩子读书，并让小孩子听听大孩子挑选的书。

📖 强化故事

有很多非常好的图书类 APP，如果运用得当，它们真的有助于让故事在生活中活起来。只有一条黄金准则：不要孤立地使用。如果你的孩子正在享受屏幕时间，要让他们玩玩图书类的 APP，然后，在晚些时候再和他一起读这本书。你应该始终鼓励他们，强化阅读和故事很美妙这个观念。

📖 探索新的类型和形式

如果他们在独立阅读，要鼓励他们，不断地给他们提供新书，给他们各种各样的书，并且要不断地与他们讨论他们正在读的书。而且，还要继续给他们读书。如果你的孩子已经能够熟练而有信心地阅读，你可以试试共读的方法（见第 86~87 页）。这种方法是指你与孩子读同一本书，并轮流读各部分内容。要试着给你的孩子读几页，然后把书交给他们，让他们给你读一两页。这样，你就能让孩子们接触那些他们可能不会独自尝试阅读的故事。我认识的一个有 6 岁女儿的家庭给我展示了这种方法的一个变种——她正在读一本短篇故事集，他们的惯例是妈妈或爸爸读其中一个故事，然后她读下一个故事。

一个女孩对独立阅读不感兴趣，她的母亲告诉我，学校的教科书让女儿失去了阅读兴趣，而且对家里给她提供的书也无动于衷。然而，一位邻居的女儿给了她一套伊妮德·布莱顿（Enid Blyton）①写的关于艾米利亚·简②的书。当天晚上，这位母亲因

---

① 伊妮德·布莱顿（Enid Blyton,1897~1968），英国"国宝级"童书大王，在欧洲，她的书被公认为最让家长放心的课外读物。——译者注

② 艾米利亚·简（Amelia Jane），是伊妮德·布莱顿的系列小说《淘气的艾米利亚·简》（Naughty Amelia Jane！）中的人物。该故事创作于 1939 年。——译者注

为觉得女儿特别安静而走过去查看，竟发现她躺在床上已经把这本书读了 53 页！

所有这些小窍门和小技巧，都有助于孩子在入学转换时期和入学后的头几年，保持对阅读的兴趣与热爱——并且还将为你的家庭提供一大堆共同的记忆和故事。

读什么

在入学后的头几年中，你的孩子会通过学校的阅读教学取得进步，直到他们能够独立阅读。在家里和学校里，他们将逐渐从阅读图画书，过渡到读章节书——这对于孩子们来说是一件大事！读章节书会让他们感到自己长大了，但是，这也会给他们带来一种失望感，因为故事里很少或根本没有精彩的图画了。你要寻找有插图的章节书来弥补这种缺憾。这个时候，在我们家，最受喜爱的一本书是霍林·克兰西·霍林（Holling Clancy Holling）的《划向大海》（*Paddle-to-the-Sea*）。

专家观点

研究显示，在使用图书馆和快乐阅读之间存在着联系；那些使用公共图书馆的孩子每天课外阅读的可能性几乎翻倍。

克拉克与霍金斯，2011，www.eriding.net

正如这个年龄的孩子对待任何事物一样，探索他喜欢读什么、不喜欢读什么是很有乐趣的。所有的阅读都是有益的——如果你的孩子读章节书有困难，你可以找一些杂志或漫画书，例如《高

卢英雄历险记》（*Asterix*）或《丁丁历险记》（*Tintin*）。故事书、非虚构类图书、科普图书、杂志、漫画——有那么多阅读材料可供选择，你总能找到适合你的孩子并能让他们兴奋的读物。我认识的一个小学老师说："每个孩子都能找到适合的图书——只要有时间让孩子们接触所有不同类型的图书，并让他们阅读，以便他们喜欢上这些书！"

这个过程中的一个非常重要的部分，是让孩子能够开始选择自己喜欢什么书和不喜欢什么书；作为父母，你应该用绝对开放的态度与孩子谈论这个话题——如果你的孩子发现一本书很无聊，他们应该能毫无压力地坚持自己的看法。要允许他们说自己更愿意读其他的书——这样，他们会感到自己有更多的控制权，而且才能保持快乐阅读。

与我交谈过的很多父母都担心他们的孩子有时候想重新读图画书，或远远低于他们的阅读年龄的书。这些父母认为孩子们是后退了一大步，而他们会阻止孩子喜欢学龄前读的那些书。不要这样做！学习阅读是一个困难而累人的过程；而上学也可能有很大压力。如果孩子需要，就让他们重新做一个小孩子吧。通过重读他们上学前最喜爱的这些书，你是在让他们回忆起那些亲密而安全的时光，并给予他们继续前进并取得进步的力量和信心。

如果你的孩子发现向章节书过渡令他们感到畏惧，另一个办法是选择那些字体较大、行间距较宽的书。一些排版比较紧凑的章节书（尤其是那些把整个系列变为一本的书）会让刚刚学会独立阅读的孩子感到懊恼。

专家观点

一般而言，"从阅读中得到安慰"是人们热爱阅读的一个重要原因。每个人都会有不同的心情，当我们心情很好时，挑战我们自己去尝试新事物是令人兴奋而有趣的。然而，当我们感到疲劳、身体不适或有压力时，我们会退回到自己的舒适区域去寻求安慰与安全感。不要阻止孩子去读"小孩子"的书。在孩子感觉适当的时候，这些书会变得不那么有吸引力，而孩子会做好准备迎接新的挑战。

阿曼达·戈莫博士，儿童发展专家

另一些孩子（因为所有的孩子都是不同的！）喜欢大部头的书。我认识的一个 6 岁女孩正在努力寻找她喜欢读的书，有人给了她多萝西·爱德华兹（Dorothy Edwards）的《我的淘气小妹》（*My Naughty Little Sister Collection*）。她喜欢埋头阅读这本厚达 752 页的书。

有声书是开车做长途旅行或在家中一起听故事的一种很好的方式。你们可以试试在周末坐下来一起听。享受由其他人为你朗读的乐趣吧！

能让孩子与之产生联系的书，是一个很好的选择。在这个年龄，第一次经历类的图书仍然很有价值。例如，如果家里添了一个弟弟或妹妹，可以看巴贝特·科尔（Babette Cole）的《妈妈下了一个蛋》（*Mummy Laid an Egg！*），或者当可怕的头虱来袭，可以看简·亚当森（Jean Adamson）和加雷恩·亚当森（Gareth Adamson）的《托普西和蒂姆头上痒痒》（*Topsy and Tim Have Itchy Heads*）！

我们和路易斯一起认真看了很多不同类型的书，而他对各种主题的兴趣是随着时间而改变的。有一段时间，他非常喜欢自然类的图书——这种图书的好处是你们可以在外出时谈论书中的内容，并且在回家后可以把书重新找出来读。我们读了很多科普读物——例如《读与思》（*Read and Wonder*）的整个系列。当他开始读章节书时，他往往会选择系列图书。当他读完一本时，知道还有更多的书等着他去读，令他很兴奋。

专家观点

当读书具有挑战性时，系列图书提供了一个熟悉的框架，让孩子能把他或她的注意力集中在故事和词汇上，而不必了解新的角色或写作风格。和孩子一起读系列图书中的第一本，并在之后鼓励孩子自己读剩下的，是让孩子接受新书和新体裁的一个很好的方法。

阿曼达·戈莫博士，儿童发展专家

当路易斯开始读章节书时，我注意到他非常怀念以前看图画书时已经习惯的细节丰富的插图。他最早喜爱上的是伊丽莎白·辛格·亨特（Elizabeth Singer Hunt）写的《秘密特工杰克：寻找沉没的宝藏：澳大利亚之旅》（*Secret Agent Jack Stalwart: the Search for the Sunken Treasure*）。这本书中有一些线条画，但数量很少。我记得他问我可不可以给这些画涂上颜色——实际上，他的原话是"增加细节"！我知道很多人不赞成这样做，但我能看出来，他在怀念以前那些彩色图画书带给他的更多的乐趣，所以我允许他这么做。他真的非常喜欢一边听故事，一边看着他自己的画，因为这给了他一种拥有感。他感到这是他自己制作的书。为了让孩子从图画书到章节书的过渡更容易，

这都是值得的——即便这意味着你要做一些通常情况下会不赞成的事情。

在这个年龄，你的孩子可能会更努力维护自己的主张，在你为孩子挑选图书时，应该让他参与选择他想读的书。如果你小时候喜欢并想和孩子分享的书遭到了孩子的拒绝，不要觉得受到了冒犯。这不是针对你个人的！

专家观点

孩子喜欢系列图书。他们喜欢阅读并收集一个系列里的所有图书。然后，他们会用这些书做很多其他"阅读"的事情，按照顺序、喜爱程度给这些书分类，重读，把它们介绍给自己的朋友等等。所有这些，对于将孩子培养成一个涉猎广泛、专心致志的爱读书的人都非常重要。

戴维·瑞迪，读写专家

孩子们喜爱他们自己的流行文化，并且很可能仍然迷恋某些角色。与学龄前一样，他们会从基本的层面上与这些角色产生情感联结，这在一定程度上解释了他们为什么如此迷恋这些角色。你总能找到与他们喜爱的角色有关的书和杂志，所以，要利用这些书和杂志来增加孩子对阅读的兴趣和喜爱。

阅读之家

你的工作仍然是继续寻找并提供令人兴奋而又种类丰富的新书和杂志。你应该继续鼓励你的孩子们，并享受一起发现新事物的乐趣。世界上有那么多图书，而且可以在那么多不同的地方找到：图书馆、慈善商店、书店、网上、邮购目录、跳蚤市场，以及当地和学校的庆祝活动上。要仔细地在当地搜寻能找到书的地方，并鼓励你的孩子和你一起去搜寻图书。要和孩子同学的父母们谈谈，举办一个每月一次的图书交换日，或问问老师你是否能在学校组织这样的活动。

要留意当地的节日和作家活动——随着出版商和作家们认识到与读者（不论老少）直接接触对于让更多的人读他们的故事很重要，这样的活动变得越来越常见了。图书馆、学校和书店都会邀请作家前来参加活动。如果你的孩子的学校还没有举办这样的活动，为什么不向老师提出建议呢？

在这个年龄，科技会不可避免地开始在孩子的生活中起到更大的作用。对于每个孩子来说，诱人的闪亮的 iPad、智能手机或笔记本电脑，都不断地分散着他们的注意力。他们使用这些电子产品中的任何一种都没有什么错，而且，试图完全禁止他们使用这些产品是不公平的（可能也做不到！）。要让这些设备成为你的帮手：在网上的很多地方和 APP 商店的很多软件中，你都可以找到好故事以及支持阅读习惯的方法。可以请老师为你推荐一些，并在家里用来鼓励孩子对不同种类的故事进行探索。

加强阅读的另一个方法，是使之成为聚会的一部分。当你孩子的朋友到你家来玩时，要给他们留出一些时间读故事。这会在孩子头脑中植入一个观念："我们家是阅读之家。我们就是这样的。"

阅读之家会逐渐进化——随着你的孩子年龄的增长，"阅读之家"的范围会以某种形式扩展到他们生活中的更多方面。通过参加活动、与朋友交换图书、去图书馆和参加其他与阅读有关的活动，你的孩子会变得对阅读越来越感兴趣，但是，位于这种情感联结核心的是你和你的家庭。

这种向学校的转换以及阅读技能的习得，对于任何一个孩子来说都是充满挑战的。你不仅要帮助他们实现这一转换，而且在转换的过程中，要通过采用这些方法中的一部分（或全部！），来帮助他们保持对故事和阅读的热爱。

应该做和不要做的事情

应该做的事情

- √ 把阅读作业与故事时间，或与父母一起阅读的时间分开。
- √ 尝试在不同的地方阅读学校要求读的书——公交车上、吃早饭时、放学后——但是，要与睡前的故事时间区分开。
- √ 向你的孩子做出一个阅读承诺，并建立他们可以依赖的一个惯例。
- √ 建立一个适合新的学校生活的阅读惯例。
- √ 让其他家庭成员参与进来——配偶、兄弟姐妹、叔叔、阿姨、祖父母。
- √ 寻找带有插图的图书，如果你感到孩子对插图念念不忘的话。
- √ 留意孩子和他们学校里的新朋友喜爱的角色——你最好有与这些角色有关的书籍。这些角色立刻就能被认出来，而且通常会有整个系列的图书，这样，孩子在读完一本之后就可以立刻读下一本。

√ 不时地带孩子参加与图书有关的活动和节日。

√ 这是最经常举行派对的一段时间，所以，要把图书作为礼物，并要求别人送给你图书当作礼物！可以从读书俱乐部购买套装书，再把它们拆开。这是购买十份礼物的一个很省钱的方法！要储备这些书，作为孩子同学的生日礼物。这会传达出书籍令人渴望这一信息。

√ 尽早建立一个关于使用屏幕与科技产品的规则……并坚持下去！

√ 要允许你的孩子回过头去读幼儿园时的书——成长从来就不是流畅平稳的过程。

√ 探索你能想到的每一种途径，以便找到不同的新书来读。要听听你的孩子对什么感兴趣——留意关于他们感兴趣的主题的任何线索，要寻找关于这些主题的书籍或杂志。每个人都有一本适合自己的书！

√ 与学校一起鼓励孩子阅读。问问学校是否会邀请作家来班里跟学生们座谈。

√ 在诸如世界读书日等活动上尽情玩耍——帮助你的孩子想出如何装扮成他最喜爱的角色的办法。

√ 明智地使用 APP 和各种屏幕。图书类的 APP 和网站可能会很棒，但要确保它们会使孩子回归纸质书。

√ 在长途汽车或火车旅行中听一部有声书。

√ 把书中的事件与真实生活联系起来——如果你们在读一本诸如《狼先生的煎饼》（*Mr Wolf's Pancakes*）的书，读完后就做一些煎饼！

不要做的事情

- ✕ 不要用睡前时间来做学校的阅读作业——除非你的孩子真的非常喜欢学校要求阅读的书。睡前故事是给孩子带来快乐、安慰和放松的。
- ✕ 不要认为你的孩子一旦学会了独立阅读，他就会为了获得乐趣而主动阅读，或者再也不想让父母给他读！
- ✕ 不要害怕允许孩子给他的书做个性化的装饰——拥有感通常能够鼓励孩子快乐阅读。
- ✕ 不要减少你和孩子一起读书的时间。你需要积极参与到与获得技能无关的阅读中。
- ✕ 如果你自己小时候喜欢并想和孩子分享的书遭到孩子拒绝，不要感到被冒犯。这不是针对你个人的！

问答

我该怎么办？我的孩子不想让我再给他读书了。

要探索每一种不同类型的主题和形式。要允许孩子挑选图书并坚持他自己的看法！要找到他真正感兴趣的主题，并购买与之相关的任何读物——一本足球杂志或关于足球的故事，一本漫画书或科普读物。无论是什么——只要与孩子的兴趣相匹配的读物即可。

我如何同时给不止一个孩子读睡前故事？

最好的方法是让他们每人挑选一个故事，由你单独给他们读，同时再挑选一个故事，让你能给大家一起读。如果你让每个孩子既能选择一本单独读的书，又能让他们轮流挑选读给大家听的书，你就能让他们都高兴。要鼓励大孩子通过读一些词语或句子来帮助你，具体情况取决于大孩子的阅读水平。

我的孩子想要读以前的图画书，而不是更适合他的阅读年龄的书。这样可以吗？

别担心——成长过程从来就不是流畅平稳的。孩子们常常需要先向后退一步，然后才能向前迈两步。要允许他选择能让他有安全感和自信的书。这通常是在为下一个发展飞跃做准备。

专家观点

让·皮亚杰①将孩子的发展解释为同化（assimilation）与顺应（accommodation），这有助于解释这里的情形。孩子们学习了新的技能和知识，但之后，他们的大脑需要一些时间来理解它，并使之与已经存在于大脑中的所有事情相适应。你应该继续给孩子阅读更具挑战性的书，并和他一起读，他最终会想自己读这些书的。

阿曼达·戈莫博士，儿童发展专家

我的孩子不想独立阅读。我该怎么办？

不要失去耐心。让孩子成为一个独立的热爱阅读的人需要花费的时间，可能比你认为的更长。要继续给他们读书，并鼓励他们，但不要给他们施加任何压力。

---

① 让·皮亚杰（Jean Piaget,1896~1980），瑞士人，近代最有名的儿童心理学家。——译者注

发展阶段

以下是 5~7 岁孩子的一些主要发展情况。

阅读
· 能够说出一个戏剧中角色的名字和故事的背景，可以通过表演游戏表现真实的生活和想象中的情形。
· 能够书写一些容易辨认的字母；开始独立阅读，但仍然喜欢听别人为他们读。
· 学着大声朗读。
· 喜欢编故事和讲故事；知道一个故事有开头、中间和结尾。
· 开始为快乐而阅读各种文学作品。

社会与情感能力
· 通常喜欢有条理的、可预测的日常程序。
· 开始发展出自己的兴趣，能够有效地表达自己的偏好。
· 对自己和他人情感的认知逐渐增强。
· 形成了更为复杂的幽默感（不再像以前一样喜欢滑稽闹剧）。
· 喜欢让别人看他们写的东西。
· 在其他孩子遇到苦恼时，会本能地帮助他们；形成了表达同情的能力；喜欢照料宠物。

思维能力
· 角色扮演和幻想活动通常很受欢迎。
· 会发现做出选择很难，并且很难在他们不理解的情况下

71

按照别人说的去做。

· 开始理解时间概念，并学会看时间。

· 随着他们开始接受学校教育，词汇量迅速增加。

给父母们的提醒：每个孩子的成长发育速度很不一样，并且会在不同的年龄掌握不同的技能——通常是由一个孩子所处的环境决定的。然而，不论他们在什么年龄获得这些技能，都是按照顺序获得的，所以，孩子们是在之前所掌握的较为简单的技能的基础上，逐渐获得更复杂的新技能的。举例来说，在一个孩子掌握大运动技能这一肌肉运动的基础之前，她或他是无法学会用精细运动技能来书写的。最重要的是，要记住，没有哪两个孩子是完全相同的！

第 4 章

主动阅读：8~11 岁

我们教的不应该是伟大的作品，而应该是对阅读的热爱。

B.F. 斯金纳[1]，心理学家

8 岁时，孩子们正在获得阅读的信心。他们已经掌握了阅读技巧，所以，大部分孩子现在可以很好地阅读，而且能独立阅读与他们的能力想适应的故事、书籍和杂志。在某种程度上，这是另一个新的开始。阅读能力是形成对阅读的真正热爱，并成为一个爱阅读的人——为了快乐而选择阅读的人——的基础。

然而，这也正是很多其他事情会让孩子对阅读分心的阶段。这是你的孩子感到与自己的朋友们保持一致变得越来越重要的阶段，是你的孩子常常重复那些朋友的观点，就好像那是他自

---

①B.F. 斯金纳（B.F.Skinner,1904~1990），美国行为主义心理学家，新行为主义的代表人物，操作性条件反射理论的奠基者。他创制了研究动物学习活动的仪器——斯金纳箱。1950 年当选为国家科学院院士，1958 年获美国心理学会颁发的杰出科学贡献奖，1968 年获美国总统颁发的最高科学荣誉——国家科学奖。——译者注

73

没有哪种娱乐能像阅读那样费用低廉，也没有哪种快乐能像阅读那样长久。

玛丽·沃特利·蒙塔古夫人[①]
于1753年1月就外孙女的教育问题给自己女儿的建议

己的观点一样的阶段。朋友们还极大地影响着你的孩子的业余爱好以及如何打发空闲时间。数字世界在这方面就是一个严重的担忧：电子游戏、电视和其他任何带有屏幕的娱乐成为娱乐的主流。这的确会影响阅读。屏幕触手可及，而且屏幕的使用很容易成为习惯。长时间使用屏幕会影响孩子集中注意力的能力（正如我们在上一章中看到的），并耗尽原本可以用来阅读的空余时间。如果你希望逐步培养你的孩子对阅读的热爱，屏幕的使用就必须得到认真的控制。

最近的研究表明，在5~7岁的孩子中，有37%的孩子几乎每天都上网，这个比例在8~11岁的孩子中提高到62%。在这两个年龄组的孩子中，手机使用比例的变化甚至更显著——从8%上升到29%。

《儿童与父母：媒体使用与态度》，英国通信管理局，2013

由于这些令人分心的事物，让你的孩子达到主动阅读所花费的时间很可能比你认为的要长。在这个关键阶段，你的持续参与和指导，对于让阅读有机会生根并变成你的孩子生活的一部分是至关重要的。

---

① 玛丽·沃特利·蒙塔古夫人（Lady Mary Wortley Montagu,1689~1762），英国当时最有个性的女人，多才多艺的作家。——译者注

随着更多的家庭购买平板电脑，孩子们的平板电脑使用比例正快速增长——8~10 岁孩子的使用比例最高——目前已达 45%。随着越来越多的家庭拥有平板电脑，这个比例将会继续增长。8~10 岁孩子的使用比例比其他所有年龄组的都高。

《数字时代英国儿童的图书消费》，鲍克，2013

阅读习惯

到这时，你已经意识到，父母的参与对养育一个爱阅读的孩子来说，是必不可少的！当你的孩子到了这个年龄时，你的作用是既要鼓励独立阅读，同时又要继续给他们读书或和他们一起阅读，以强化阅读是一种快乐和享受这一信息。看看下页孩子们的活动图表，你会看到，这的确是孩子发展过程中的一个关键时期，因为很多父母减少了和自己的孩子一起读书，而孩子的数字活动——比如访问 YouTube 和使用手机——开始增加。

在英国，5~7 岁的孩子中，愿意上网而不愿读一本书的孩子的比例为 32%，在 8~11 岁的孩子中，这个比例上升至 52%。

《数字时代英国儿童的图书消费》，鲍克，2013

如果你观察一下图表中的青春期前期的孩子们，你会看到

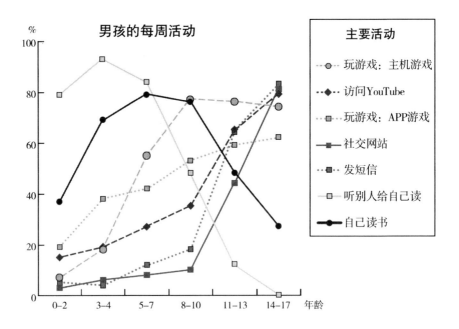

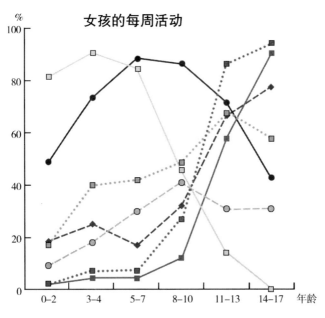

引自：《数字时代英国儿童的图书消费》，鲍克，2013

随着十几岁的孩子们将注意力转移到其他活动上，阅读是怎样进一步下降的。你需要把这种情况当作一个警示信号。如果你希望你的孩子成为一个热爱阅读的青少年和成年人，就必须确保现在不要放松对阅读习惯的培养！通过了解统计数字，你可以看到阅读在十几岁的孩子中是如何剧烈下降的——在 14~17 岁的孩子中，只有 27% 的男孩和 43% 的女孩每周自己阅读。所以，我希望你能看到，在这个年龄坚持培养孩子的阅读习惯有多么重要。

那么，为什么很多父母减少给孩子读书呢？是这样的，从我与之交流过的那些父母们来看，很明显，许多父母认为，由于孩子们现在能够阅读了，他们就会自己阅读。父母们期待并希望自己的孩子能成为独立而热情的爱阅读的人。许多父母还认为，由于自己的孩子能够阅读了，已经长大了，就不用再像小时候那样给他们读书了。一位父亲这样跟我说他 9 岁的儿子："他不再是个婴儿了；他能自己阅读了。我不会考虑在他这个年龄还给他读书。"

我发现这是最令人悲哀的事情。听别人给自己读书与"孩子气"毫无关系。如果你喜欢在车里听有声书、收听电台播放的广播剧或"睡前听书"、在电视上看一部精彩的戏剧或去看电影，那就说明你喜欢一个故事，并且喜欢让别人讲故事给你听。

听别人给自己读书，是生活中最快乐的事情之一。在古代文明中，听故事给人们带来快乐，是一种安慰和社会的黏合剂。毕竟，是语言使我们成为了人类。请你不要认为给你的孩子读书是只给很小的孩子读书。你的大孩子将会错失很多真正神奇的东西，而你会阻碍他们的成长。

最近，我开展了一项问卷调查，向父母们询问有关他们的孩子的阅读习惯问题——以下是一些回复。

我希望他能更多地阅读。我应该为此做些什么，不是吗？

亚当（8岁）的妈妈

当我们一起阅读时，我意识到他们是多么喜欢这段时光，并且这让我们感到多么幸福。这还使他们自己想阅读更多的书。

杰瑞尔（7岁）和
阿伊莎（8岁）的妈妈

萨米更愿意玩电脑。他发现阅读很无聊，而且他不阅读，除非我要求他。但是，他确实喜欢让我给他读书的开头部分，然后他自己把书读完。他喜欢我给他读书，他希望我经常这样做。

萨米（8岁）的妈妈

我已经注意到我的女儿会读一些非常具有挑战性的书，然后又常常重新阅读一些更容易的书。

杰玛（8岁）的爸爸

当我晚上在卧室门旁向里偷看，并看到她在阅读时，我太高兴了。

艾米（10岁）的妈妈

家庭作业和学校的阅读作业不得不完成。我感到有压力，而且我认为，让她读完她不喜欢的书，也是在给她施加压力。我想我有点儿做错了。我已经意识到，只有快乐才能让她坚持独立阅读，所以，读一些低于她实际水平的书也没关系，只要她喜欢。我想，快乐是关键。

塔拉（8岁）的爸爸

在让凯尔阅读这件事情上，我真的没遇到什么麻烦，因为我监控着电视、笔记本电脑和玩手机的时间。他有一个阅读惯例。

凯尔（9岁）的妈妈

我的女儿8岁了，早就超过给她读书的年龄了！

伊迪（8岁）的妈妈

我儿子不喜欢读学校要求读的书。他对科普读物更感兴趣。最近，我们找出了很多书，我给他读了一本在他4岁时曾经给他读过很多遍的书——他对这本书感慨万千。

克鲁斯（10岁）的妈妈

📖 继续坚持阅读惯例

如果你的孩子还没有真正建立起自己的阅读习惯，你要继续鼓励他们，减少让他们分心的事物，并为阅读创造安静的时间与空间。即使你的孩子已经能主动阅读，你也要继续坚持阅读惯例。一个目前看似已经建立起来的阅读习惯，如果没有你的参与，也会迅速消退，因为让孩子分心的东西太多了。

一位母亲向我提起了她 10 岁的女儿克洛伊，她说："她以前很爱阅读，但现在却变了。现在我没办法让她拿起一本书；她只想给她的朋友们发短信。"

📖 制定关于屏幕时间的明确规则

很明显，数字世界让我们的孩子们拥有非常多的机会，而且我们希望他们喜欢这个世界，并从中获益，但你需要让你的孩子的生活达到某种平衡，并确保屏幕时间不会取代一切。正如我前面说过的，我见到过的很多家庭的父母告诉我，他们希望自己的孩子阅读，但与之相反——尤其在这个年龄——他们几乎允许孩子一周 7 天每天 24 小时拥有屏幕时间。要想为阅读腾出时间，就要明确说明屏幕时间的规则，并严格执行，此外，还要建立一个阅读惯例。

由于同龄人的压力，你的孩子不可避免地会对此产生抱怨。他们会告诉你，他们的朋友们被允许在任何时候做几乎所有事情（在晚上玩 iPad，在卧室里看电视，玩一下午 Xbox——这些话我都听到过！）。你需要坚持你的原则，知道从长期来看这样做会给孩子带来巨大的好处。要向孩子解释，每个家庭有不同的规则，在有些事情上，我们家的做法与其他家庭不一样，生活就是这样的。

不要屈服于孩子的情感勒索。一位父母告诉我："我记得11 岁的杰伊放学回来时说：'如果说学校是一个拼图，我就是唯一不合适的一块拼片，因为我是唯一没玩过使命召唤^①游戏的男孩，我无法加入到他们的谈话之中。'"（关于屏幕时间的更多信息请见第 1 章。）

📖 睡前阅读是必不可少的

睡前阅读惯例仍然是你的孩子生活中一个非常重要的支柱——它依然能带来安慰、放松和一段安静的时光，并让你们两个享受一个故事。这是他们尽情享受妈妈或爸爸（或爸爸妈妈双方）的关注的时间。每天共度的这段时光，对你的孩子的情感来说是无比珍贵的，而且对于你与他们维持一种亲密关系也是必不可少的。同龄人的压力正大量而急速地累积，同时还伴随着学校里的各种新的焦虑——与朋友们的分分合合，有时感觉受到排挤——这会产生一些让孩子们常常发现很难与你谈论的复杂的情感。

如果你是一位工作非常忙碌的父母，找时间尽量帮助他们面对所有这些情感是有困难的。那么，睡前阅读惯例提供的正是你需要的。你可能会发现你的孩子开始和你谈论正困扰他们的事情，而这会给你安慰和指导他们的机会。和孩子一起阅读是非常积极而温暖的一件事情，并能产生安全感和慰藉感。

---

① 使命召唤，Call of Duty，是由 Activision 公司（现为 Activision Blizzard，2007 年 12 月 2 日宣布合并）于 2003 年制作发行的 FPS 游戏系列。——译者注

📖 鼓励独立阅读

很多孩子不愿意迈出独立和自己阅读的脚步。即使当他们具备独立阅读的能力时，也可能会胆怯，上学和其他活动可能会让他们很累，或者他们只是没有养成自己阅读的习惯。在鼓励孩子独立阅读方面有一个非常管用的方法，就是利用孩子通常希望晚睡的心理。你可以试着说："现在该关灯睡觉了，但是，如果你希望晚睡 10 分钟，你可以看看书。"我几乎可以保证，你的孩子一定不会拒绝！

📖 去寻找图书

定期去书店、图书馆和慈善商店搜寻，都有助于逐渐培养阅读习惯。如果有机会，你可以让你的孩子参加与图书有关的活动，例如当地书店举办的作家签售会，或者更好一些，组织一次家庭活动——让全家一起参加一个文学艺术节，并听作家们谈谈他们的书和书中的角色——这太能鼓舞人心了。

路易斯在这个年龄时正在学习柔道，并热爱一切与武术有关的东西。有一次，我带他去威尔士的海伊文学节见《年轻的武士》（*Young Samurai*）系列图书的作者克里斯·布拉福德（Chris Bradford）。观众们被牢牢地吸引住了，因为这位作家让人穿着日本长袍，手持武士刀站在那里，真的让他笔下的故事和人物活了起来！这个画面让人印象很深刻，我认为，在场的每个孩子在看到之后都会希望读这本书。

学校的图书日也是让孩子们对阅读产生兴趣的一个好机会。让他们装扮成自己最喜爱的角色，是强化阅读所带来的快乐的一个很好的方式。

男孩和女孩

非常重要的是，在阅读方面不要区分男孩和女孩。我们的社会似乎常常对男孩有着较低的期望，这种观念是那么普遍，让人感到惊讶。父母们在向我提到他们的儿子时，常说："男孩不喜欢阅读""男孩更喜欢玩游戏"等等，这样的话说得如此频繁，可能会让你感到吃惊——甚至害怕。就像这是一个公认的事实一样，他们甚至会当着自己儿子的面这样说。

如果一个男孩听到这样的话，想象一下这将对他的阅读热情和自我评价产生什么影响？男孩没有理由不热爱阅读。的确，与女孩相比，男孩似乎对游戏更感兴趣，但是，在他们的生活中，这两者是可以共存的！

专家观点

自我实现的预言会限制孩子们的成就——一个认为自己不擅长阅读的男孩不会挑战自己或为快乐而阅读，这样一来，他会发现阅读越来越困难。解决这个问题的诀窍是寻找孩子感兴趣的主题。迷上一本书是这里的关键，每个热爱阅读的人都知道被一个故事吸引所带来的那种兴奋感。父母们应该少担忧男孩阅读什么——漫画、足球资料等等都可以——相反，他们应该确保男孩们在阅读，即使是用数字形式阅读，因为这样才能让他们有机会找到一本吸引自己的故事书，并让他们快乐阅读。

阿曼达·戈莫博士，儿童发展专家

阅读之家

生活是忙碌的！生活是喧闹的！要想让阅读有机会生根发芽并茁壮成长，你就需要为它创造一个合适的环境。你可能认为这样做听起来很奇怪，如果你对自己童年的记忆是时间似乎不是问题，而且当你无事可做时，偶尔拿起一本书读是很容易的事情的话。但是，今天的孩子们的生活是那么不同。他们根本没有无事可做的时候。他们每天都忙于课后活动和家庭作业。各种数字设备触手可及，时间很容易被打发掉。对他们来说，发信息、玩电脑游戏、玩手机 APP 游戏，打开电视，浏览社交网站或上 YouTube 是如此简单——所有这些活动带来的快乐都比阅读一本书或杂志直接得多。

8 岁及 8 岁以下的孩子有手机的相对较少，但是，到了 9 岁，拥有手机的孩子们的数量开始迅速增加。目前，有 20% 的 9 岁孩子拥有一部手机，而且这个比例增长得很快，所以，到 11 岁，孩子开始上初中时，62% 的孩子都拥有一部手机。

《儿童与父母：媒体使用与态度》，通信管理局，2013

要想抵消这种影响，你的家里应该摆满各种读物——书籍、杂志和报纸。如果你的孩子认为电子读物很酷，那么你也不妨试一试，因为这或许能够激发孩子的阅读兴趣。

我放学回家的第一件事就是拿出一本书。我妈妈每天晚上都在床上给我读书。

艾米丽，10 岁

孩子的卧室里不应有任何屏幕——电视、DVD 播放器、笔记本电脑、游戏机——也包括手机。如果他们的手机一直叮叮当当地响个不停，有那么多信息等待他们回复，你怎么能让他们集中精力阅读呢？有些孩子的卧室就像媒体中心！我最近见到的一对父母对我说，他们希望自己 11 岁的女儿能多读点儿书。当看到这个女孩的房间时，我立刻就明白问题所在了——她的卧室里有一台电视机，书架上有一摞一摞的 DVD，有一台 DS 游戏机和 Wii 游戏机。她还有一部智能手机。只有世界上最专注的孩子才能忽视所有这些东西，并拿起一本书！要确保在你的孩子的卧室里有一个书架，以便他们能看到自己的藏书，并把这些藏书视为一种娱乐的来源。

对于年龄较小的孩子，树立一个榜样并在你的孩子们面前读书仍然是很重要的。你的孩子正在到达一个阶段，在这个阶段，他们可能开始挑战你所说的话，所以，你最好采用"照我做的去做"这种方式，而不是"照我说的去做"！要尽量在周末花些时间读你自己的书、杂志或报纸——挤出半个小时时间，倒上一杯咖啡，和你的孩子一起坐下来，共度家庭阅读时光，你们可以肩并肩地读各自挑选的书。

除了让孩子看到你喜欢阅读之外，还要让你的孩子看到没有屏幕你也能打发时间。如今，我们的生活如此忙碌，我们经常发信息，在晚间回复工作上的邮件，网购，更新 Facebook，等等。你也需要有一些没有屏幕的时间，让孩子看到做其他事情是同样有意义的。

对于这个年龄的孩子，阅读之家是一个更加多样化的概念，因为他们不再像小时候那样喜欢阅读的书和花在阅读上的时间较为固定。随着孩子们年龄的增长，他们会用更开放的态度对待新事物，所以，你更有机会扩展你的阅读之家，使之延伸到书店、图书馆、图书节以及其他与图书有关的活动。外面的世界可以丰富你们的阅读之家。

如何读

我们已经明确了你既需要鼓励你的孩子独立阅读，又要继续给他读书。在这个年龄段，共读就显示出了它的价值。通过这种方式，你的孩子就能理解一些超出他们的阅读能力的书。共读是指你和孩子共同阅读一本书，并轮流给对方朗读。他们读一页，你读一页，或者他们读一两页，你接着读完这一章。你们可以从每人朗读一段开始，然后随着时间的推移再逐渐增加。不用着急，只需按照你的孩子感到舒适的速度来读就可以。共读是一种很好的方式，可以让你的孩子接触到一些他们可能认为太具有挑战性而不会单独尝试的书。

共读的好处很容易概括：

·**它能帮助孩子们接触到大量的图书，并加快阅读的过程**，因为你们能一起快速阅读每一页。

·**它能让孩子保持兴趣**，因为你们在一起阅读大量不同种类的图书，这样可以确保他们不会感到无聊。

·**如果他们感到阅读很吃力**，那么他们就会花很长时间才能领会一个故事，并且可能过早地放弃阅读。共读加快了阅读过程，从而让他们更快地领会。

·**它能抵消与专注力和注意力持续时间有关的任何问题。**

你在用一个美妙的故事奖励他们，并向他们表明阅读是值得坚持的事情。

·它是树立阅读榜样、亲身示范、表明你喜欢阅读和向他们展示如何大声朗读的一种方式。

·你们可以共享美好的时光——我最喜欢的部分是轮到路易斯大声朗读的时候。我会闭上眼睛，好好放松劳累了一天的的身心——几乎感觉自己重新回到了童年。听别人读书是那么美妙，而听你自己的孩子给你读书更是如同置身天堂！

在过去几年里，我们的睡前阅读惯例一直是由马尔科读一部分我正在给他读的书——我们已经读了很多书，比如《哈利·波特》（*Harry Potter*）、《小灰人》（*The Little Grey Men*）等等。每次都是由他先读几页，然后我再来读。通过这种方式，他熟悉了更具挑战性的书。在此之后，他会独立阅读 15 分钟。他通常会选择读《高卢英雄历险记》（*Asterix*）、笑话书、《丁丁历险记》（*Tintin*）、漫画书，等等。以前，即使他很喜欢我们正在一起读的书，也不会独自去读它。但是现在，他第一次主动选择读一本小说。他现在正在读《爱丽丝漫游奇境》（*Alice's Adventures in Wonderland*），这是奶奶送给他的 10 岁生日礼物。我已经准备好了《爱丽丝镜中奇遇》（*Through the Looking—Glass*）并把它放在一旁，如果他想读，就可以继续读这本书了！

马尔科（10 岁）的妈妈

如果你的孩子不想和你共读，也不要勉强。你只要确保与他们一起阅读他们想读的书，并继续给他们读书就可以了。

📖 利用有声书扩展阅读范围

在这个阶段，有声书是很有用处的。就像共读一样，你可以通过有声书，让你的孩子接触那些由于超过他们的阅读水平而可能不会去读的书。你还可以让他们接触新的类型和体裁的书。重要的是，你能与你的孩子一起听这些有声书，或许，你可以在乘车时与孩子一起听，并在听过后和孩子讨论。

📖 寻找时间与动力

生活总是忙忙碌碌，有时候，与你的孩子一起阅读似乎成了已经超负荷的日常生活中的另一个负担。时间很容易就在不知不觉中过去，你需要下决心阻止这样的事情发生。

在 2012 年，有 53% 的 8~10 岁孩子的父母们说，他们给自己的孩子读的书比前一年更少了。

《儿童与阅读》（*Children and Their Reading*），舆观 YouGov[①]，2013

我的建议是积极地看待你与孩子一起阅读的时光。这并不是一项繁琐的工作。要把它视为一段亲近你的孩子的好时光，并且激励自己，你正在为他们的将来进行一项有益的投资——比你能

①YouGov，中文名为舆观 YouGov 或舆观调查网，是全球性的在线市场研究公司，以其公众民意调查的准确性而闻名。总部位于英国，在全球拥有 21 个分公司，地域横跨英国、美国、欧洲、北欧以及中东地区。——译者注

想象到的任何事情都更有价值。英国国家读写能力信托^①表示，即使在孩子 16 岁时，父母对孩子的阅读的兴趣仍然是影响他们未来成就的最大因素。而且，当想到 20% 的孩子在小学毕业时没能达到应该达到的阅读水平时，你的孩子需要你就显而易见了。随着你与孩子一起读书的时间越来越多，你就会看到一起阅读给你的孩子带来多少好处，而这会让你想坚持下去。

专家观点

保持对书籍的兴趣并不仅仅意味着一起大声朗读，它还意味着你和孩子聊一聊对故事或文本的看法。在孩子掌握了词汇阅读技能之后，阅读的进步就体现在加深理解方面，包括理解言外之意的能力。

戴维·瑞迪，读写专家

📖 安排好你的时间

如果你有不止一个孩子，而且时间非常紧张，你要通过设法读适合每个孩子年龄的一本书或一个章节来满足每个孩子。让每个孩子都挑选图书。如果他们能坐下来听听兄弟姐妹挑选的书，那就更好了。

即使你每天晚上只能挤出 10 分钟，也要坚持每晚给孩子读书。每天少读但常读，要好过长时间不读，而到周末狂读。然

---

① 英国国家读写能力信托，The National Literacy Trust，又译作英国全国识字基金会、英国全国读写素养信托、英国全国读写能力信托等，是致力于提高英国识字水平的国家级慈善组织，其研究和分析让该组织成为英国读写领域的权威。在英国最贫困的社区，高达 40% 的人存在读写问题，该组织的工作主要就是提高这些人的阅读、书写、说话及听力技巧。——译者注

而，我知道，有时候你会身不由己——我们要工作到很晚，会遇到问题，我们会生病，或者不管什么原因就是无法按时回家。如果你们的惯例偶尔无法完成，可以顺其自然，但是，你要坚持下去，有意识地尽量抽出时间和你的孩子一起读书。

我也无法声称每天晚上都给我的儿子读了书。我有时会工作到很晚，并且偶尔甚至会在晚上外出！如果你没有时间，要看看是否能让其他人给你的孩子读书——有时候我丈夫会接替我——或者，你可以让孩子的哥哥姐姐甚至临时保姆来做这件事。惯例的意义就在于有一个惯例。如果偶尔无法做到，但习惯仍在那里，并且下次还能接着来。

似乎如果你在某件事情上养成一个习惯，这件事做起来就更容易！

杰森（8岁）和吉安娜（10岁）的妈妈

如果你正因为你的孩子似乎需要很长时间才能独立阅读而感到沮丧，要尽量记住，让你的孩子定期、经常地选择为了快乐而阅读不是一蹴而就的事情。你已经承诺要帮助你的孩子爱上阅读，而且你正在为他们做一件非常美好的事情——这对他们的幸福、教育、健康、知识以及你们之间的关系是那么有价值。对此应该感觉很好！

读什么

任何东西都可以读！在这个年龄，你的孩子正在更深入地了解自己，弄清自己真正对什么感兴趣，并形成自己的个性和性格。你需要提供大量不同的图书、杂志和文章供你的孩子尝试——有那么多读物可供选择，这很容易做到。这里的技巧在于，要在给孩子提供、推荐图书与鼓励你的孩子主动选择新书之间保持一种平衡，这样，他们就会有一种个人的选择感、拥有感和参与感。

你永远不知道什么会激励他们。要带着你的孩子去超市里的图书区、书店、慈善商店和跳蚤市场；看看那些地方是否有什么书能吸引他们的目光。想想他们对什么感兴趣，以及到现在为止他们喜欢读什么书，而且要找出你认为能够吸引他们的东西。

要寻找反映他们热衷的事情与天赋的书籍和杂志。例如，如果你的女儿喜欢跳舞，你要试试诺埃尔·史塔菲尔德（Noel Streatfield）的《芭蕾舞鞋》（*Ballet Shoes*）；或者，如果你的儿子对音乐感兴趣，喜爱节奏和韵律，就要试试诗歌，比如约翰·梅斯菲尔德（John Masefiedl）的《货物》（*Cargoes*）或 W.H. 奥登（W.H.Auden）的《夜邮》（*Night Mail*）；如果他们对神秘小说特别着迷，可以试试《少年 007》（*Alex Rider*）系列。更多主意请见引言的第 12~16 页。

喜爱收集是这个年龄的孩子的特点，所以，你可以充分利用这一点，收集他们最喜爱的作家的全部书籍，或者购买整个系列的图书。当然，系列图书的好处在于它很容易让阅读继续下去，因为你的孩子总是想读下一本。路易斯就会在读完一本《少年 007》（*Alex Rider*）之后立刻要求读下一本。

在 8~10 岁的孩子中，有 88% 的女孩和 71% 的男孩喜欢收集系列图书。

《数字时代英国儿童的图书消费》，鲍克，2013

孩子们喜爱他们自己的流行文化。你可能会发现一本真正合乎他们口味的好杂志，有满足他们正在出现的对电影、游戏、流行音乐、艺术与手工、足球或其他运动的兴趣的信息。如果他们喜爱一本杂志，你要订阅一本。如果他们仍然在探索自己的选择，就要让每个周末和他们一起出去寻找成为家庭惯例的一部分。如果你有一个非常热爱运动的孩子，把报纸的运动版给他们读是一个很好的选择，因为这会让他们觉得自己长大了！其他媒体也能激发阅读的兴趣。如果他们喜欢看一部电影、电视节目或 DVD，就给他们原著，并向他们解释书中的细节总是比电影更多，因此会更好看！《采石场里的洞穴人》（*Stig of the Dump*）、《麻辣女生基地》（*Tracy Beaker*）、《哈利·波特》（*Harry Potter*）、《战马》（*War Horse*）、《汤姆的午夜花园》（*Tom's Midnight Garden*）和《丁丁历险记》（*Tintin*）都很值得一试。一位爸爸回忆了他是怎么带自己的女儿去圣诞剧院观看《随风而来的玛丽阿姨》（*Mary Poppins*）的。她是那么喜爱这场演出，以至于当他告诉她这是根据一本书改编的时，她就要求他给自己读这本书。

电子游戏也能让人爱上阅读！制作了"我的世界"和"摩西怪兽"等游戏的公司也出版图书——如果你的孩子沉迷于电子游戏"我的世界"或"小龙斯派罗的大冒险"，你要试试让孩子读与之相关的书籍。即使你认为这不是合适的读物，并且你希望他们去读一本小说，也不要因此而烦恼。要记住，这事关让孩子从阅读中获得快乐。如果你的孩子喜欢阅读，他们就能接受更多的书籍。这是一个漫长的旅程，孩子一路上会读各种各样的读物。

幽默书对于 8~10 岁的男孩和女孩们变得尤其具有吸引力。与孩子分享笑话，会在你和你的孩子快乐的大笑中，成为一种很棒的亲情心理联结。这就像你们一起参加一个俱乐部一样。你可以在其他时候提起这个话题，你们都会心照不宣。安迪·斯坦顿（Andy Stanton）的《阿甘先生和大狗杰克》（*You're a Bad Man,Mr Gum*）对路易斯和我来说就有这样的效果。在我们读过这本书之后很长一段时间里，如果路易斯想要看一个电视节目，他就会说："我能看一袋棍子吗？"（你必须读了这本书才能懂！）。

在 8~10 岁的时候，男孩通常会对科学和自然类书籍表现出强烈的兴趣，而女孩可能会喜欢关于儿童和家庭的故事。但是，这只是一般情况，多样性才是关键！要记住，没有所谓"典型的孩子"——你的儿子或女儿感兴趣的东西可能会令你吃惊。在这个年纪，路易斯喜欢杰拉尔德·德雷尔(Gerald Durrell)的《我的家人与其他动物》（*My Family and Other Animals*）——科学、自然、家庭和儿童全部融为一体！

孩子们真的会经常想念图画书，所以，你要寻找带有图画的书或杂志、漫画书或有插图的科普读物。像《小屁孩日记》（*Diary of a Wimpy Kid*）和《怪诞少女日记》（*The Dork Diaries*）这样的书籍的巨大成功，表明了孩子们是多么喜欢插图。

> 在 8~10 岁这个从图画书向以文字为主的图书过渡的阶段，孩子们对连载漫画书 / 绘图小说（37%）和年刊（53%）的兴趣达到顶峰。
>
> 《数字时代英国儿童的图书消费》，鲍克，2013

在本章开头，我谈到了孩子的朋友们对孩子越来越大的影响。这种影响可以对阅读大有好处！要问问你的孩子，他们的朋友在读什么书，看看你的孩子是否也想读。

专家观点

另一个办法是交换图书。让你的孩子从自己的书中挑选几本能交换的书，邀请他的三四个朋友带着书过来，接下来你们就交换吧！

戴维·瑞迪，读写专家

在 8~10 岁的几年中，70% 的孩子们说，他们喜欢读自己的朋友们正在读的书……76% 的女孩和 55% 的男孩说，他们会给自己的朋友推荐图书。

《数字时代英国儿童的图书消费》，鲍克，2013

要试着给孩子推荐你小时候喜欢的书。他们可能会拒绝，但也可能会一见如故。路易斯曾经对我说："你喜欢这些书，不是吗？"当时，我们在读《燕子号与亚马逊号》（*Swallows and Amazons*）系列。这种与你自己的童年产生的心理联结，能产生一种家庭传统意识、安全感和归属感。而且，你们也可以重温孩子以前最爱的书，这对你的孩子来说可能是极大的安慰。一位妈妈告诉我，她 11 岁的女儿对于从小学进入中学感到焦虑，因为她发现自己最好的朋友要去另一所中学。她开始变得非常不安和烦躁。在一次睡觉前，妈妈问她想读什么书，她（十分尴尬地）要求读一本她很小的时候最喜欢的书，比阿特丽克斯·波特（Beatrix Potter）的《弗家小兔的故事》（*The Tale of the Flopsy Bunnies*），并尽量轻描淡写地说这是"为了怀念旧时光"。妈妈意识到，这本书对她来说纯粹是一种安慰。

诗歌很适合这个年龄的孩子阅读。诗歌通常都很简短易读，所以，不会让人厌烦。当然，诗歌的种类非常多。有一些非常精彩的诗歌选集。你可以试试安妮·费恩（Anne Fine）的诗集《错过很可惜》（*A Shame To Miss*）。路易斯最爱的一本叫作《橙子、银币、香肠》（*Orange Silver Sausage*）的诗集。孩子们喜爱欢笑，所以，有趣而滑稽的诗歌和打油诗真的能够吸引他们。可以试试罗杰·麦格夫（Roger McGough）、爱德华·利尔（Edward Lear）、西莱尔·贝洛克（Hilaire Belloc）的《警世诗》（*Cautionary Verses*）、路易斯·卡罗尔（Lewis Carroll）和斯派克·米利根（Spike Milligan）的作品。要试试和孩子一起写诗，然后再读更多的诗来寻找灵感。

学校

在你的孩子上学一段时间之后，你与老师的联系可能就减少了。孩子们自己走进学校，而父母们通常只能走到校门口，并不能进入教室。即使与老师面对面交谈比较困难，但你通常可以给他们发邮件，或写便条让孩子交给老师。我总是发现老师们非常愿意提供帮助和给出建议。他们像你一样希望你的孩子快乐阅读，而且，他们能提供大量可以试读的图书信息，因为他们是那么富有经验，并且有各种主意和知识。他们还能看到你的孩子对于不同的主题有着怎样的反应，或许能给你一些真正吸引孩子们的主题的小建议。与老师保持联系并了解孩子在学校的情况可能更难一点，但是，这与孩子刚刚入学时同样重要。你、你的孩子和学校都会从中受益。

随着你的孩子升入更高的年级，家庭作业会增多，而阅读将会有重点——通常，学校会要求孩子每天在家读书15~20分钟，一些学校指定要大声朗读。孩子可能会喜欢这样做，也可能不喜欢。大声朗读并不总是那么容易。如果他们喜欢学校让读的书，就没有理由不在睡前给你读。但是，对于年龄较小的孩子，如果他们真的不喜欢它，就要尽量让他们在其他时间完成这项作业——最好在他们不太累的时候。你还可以和孩子的老师谈谈，看看是否能找到其他让你的孩子更感兴趣的书。要把睡前时间留给孩子真正喜欢的书和故事。这样，你就能留住你们如此辛苦才建立起来的美妙而欢乐的阅读时间。

我们学校要求孩子们每天晚上大声朗读20分钟，杰米讨厌这个作业，而我有时候想是不是应该随他去。然而，他喜欢《小屁孩日记》（Diary of a Wimpy Kid），也喜欢《赛场》（Match）杂志。如果要求他把这些书作为学校的阅读作业，他会很高兴。

杰米（10岁）的妈妈

随着孩子逐渐长大，他们可能不得不读课堂上正在学习的指定的书。如果他们不喜欢这本书，就有把阅读看作一项作业而不是乐趣的危险。解决这个问题的一个好办法是与他们共读（见第86~87页）他们正在学习的课本——你可以帮助他们通读，或者在朗读时加入一些重音、语气和语调的变化，以使之变得更加有趣。这也是通过激发他们对课文主题的好奇心来问问题，并帮助他们学到更多东西的好时机。

如果你能贡献你的时间，成为学校的志愿者，会很受欢迎。你可以尽量报名去听孩子们阅读。你不仅是在做一件很棒的事情，而且还可以获得关于家庭阅读的灵感和启发，并且向你的孩子传达一个信息——阅读如此重要，以至于你正在帮助学校做这件事。要尽量鼓励你的学校邀请作家们来与孩子们见面——这是非常令人兴奋和鼓舞的。

在这个培养终生爱读书的人的关键阶段，最重要的是，要确保孩子养成使用新掌握的阅读技能进行快乐阅读的习惯。仅仅因为你的孩子学会了阅读，并不意味着他们会主动阅读。把他们喜欢的事物与书籍和阅读联系起来，培养一个阅读习惯或惯例，创造一个到处摆放着图书、杂志和报纸的阅读之家，禁止在卧室出现屏幕，都是确保你获得成功的好办法。

应该做和不要做的事情

应该做的事情

√ 继续坚持阅读惯例——坚持下去，并继续给你的孩子读书。

√ 限制屏幕时间。

√ 制定一个"卧室里禁止出现屏幕"的规则。

√ 确保给孩子提供各种各样的读物。

√ 寻找能够激发孩子阅读兴趣的改编成其他媒体形式的故事——电影、电视节目、DVD、游戏、戏剧。

√ 树立一个榜样，在你的孩子面前读你自己的书或杂志。

√ 树立一个榜样，确保与孩子在一起时不使用屏幕。

不要做的事情

✕ 永远不要在阅读的事情上提到差异！男孩可以和女孩一样喜欢阅读。

✕ 不要期望太多、求之过急——孩子学会独立阅读可能需要比你认为的更长的时间。要有耐心。

✕ 不要减少和你的孩子一起阅读的时间。

✕ 如果你的孩子阅读速度很慢，不要沮丧。读得慢，但能从中获得乐趣，要好过急匆匆地完成任务式的阅读！

✕ 如果你认为孩子挑选的读物不具有足够的挑战性，也不要表现出任何不赞同。所有的阅读都是有益的，包括漫画、杂志、网上连载漫画、连环画和绘图小说。

问答

我女儿忙于家庭作业和课外活动，她要么没时间阅读，要么太累而无法阅读。我怎样才能让她阅读？

答案是睡前阅读。即使只有 10 分钟，也要让它成为每天的惯例。

我 9 岁的儿子完全有能力自己阅读，但他却对此毫无兴趣——他只想让我读给他听。我怎样才能让他自己阅读呢？

试试共读。让他只读一页（或者甚至只读一段），然后你接着给他读完整个故事。要逐步增加他给你朗读的长度。这样就能让他养成自己阅读的习惯。

我儿子只对电子游戏和浏览 YouTube 感兴趣。我无法让他对任何其他事情产生兴趣。我怎样才能让他读一本书？

首先，你必须限制屏幕时间。你需要找到适合你们家的规则——例如，只能在周末使用屏幕，或每天只能使用 1 小时——只要你认为合理就可以。然后，你需要建立睡前阅读惯例。这样，你就为阅读留出了空间，创造了一个能让它生根发芽的环境。

我女儿似乎不再对读书很感兴趣了。她最大的兴趣是给朋友发信息——除此之外的大多数事情她都不感兴趣。我怎样才能让她重新燃起对阅读的兴趣？

试试各种不同的读物。比如，你可能会找到让她感兴趣的杂志。所有的阅读都是有益的！要确保她晚上不在自己的卧室里使用手机，坚持给她提供各种不同的读物。有些读物会让她相见恨晚的。

发展阶段

下面是 8~11 岁孩子的主要发展情况：

阅读
· 开始为了快乐而独立阅读复杂的故事，并能够在更长的时间内记住故事的情节。
· 喜欢关于名人、冒险和神秘题材的故事。
· 既喜欢关于真实的生活的故事，也喜欢虚构的故事，并能够区分两者的写作风格。
· 能够更流利地大声朗读，有时能加入语调和重音。

· 能够创造出属于自己的有趣并有细节的故事。

· 喜欢承担给更小的孩子大声朗读的责任。

社会与情感技能

· 知道其他家庭可能与自己的家庭相同或不同，在自己的家庭环境中能感受到安全感，但是，会开始挑战已经接受的家庭规则。

· 同龄人压力和对归属感的需要，往往会对他们的行为产生重大影响。

· 在回应他人和玩耍时会有非常戏剧化的表现。

· 开始利用一些物品或行为，如服装、玩具、书籍和忠诚等表现自己的个性，并形成自己的身份感。（所以，更有可能读一本"很酷"的书，或能反映出他们想表现的个性的读物。）

· 产生共情意识。

思维能力

· 能区分幻想与现实，但是，有居于假扮与现实之间的世界的倾向。

· 能遵从复杂的指令并能预测未来的结果。

· 正在形成对假设情形的理解。

给父母们的提醒：每个孩子的成长发育速度很不一样，并且会在不同的年龄掌握不同的技能——通常是由一个孩子所处的环境决定的。然而，不论他们在什么年龄获得这些技能，都是按照顺序获得的，所以，孩子们是在之前所掌握的较为简单的技能的基础上，逐渐获得更复杂的新技能的。举例来说，在一个孩子掌握大运动技能这一肌肉运动的基础之前，她或他是无法学会用精细运动技能来书写的。最重要的是，要记住，没有哪两个孩子是完全相同的！

第 5 章

保持参与：12~16 岁

阅读之于头脑如同锻炼之于身体。

理查德·斯梯尔[1]《闲话报》（*Tatler*），1710

　　十几岁这几年通常被视为充满了挑战。从焦虑地开始初中生活的孩子，成长为刚刚拿到中等教育证书的 16 岁少年，其中的变化是那么巨大。在这几年里，你的孩子对你的依赖会越来越少——至少表面上如此。毕竟，成长的一部分就是要剪断围裙带[2]，出去闯荡。

　　也是在这个时期，你与你的孩子之间的关系会发生巨大的

---

　　①理查德·斯梯尔（Richard Steele,1672~1729），是与约瑟夫·艾迪生齐名的散文家。他们幼年一同在卡特公学就读，后来又同时进入牛津大学。1700 年左右，他开始了写作生涯，写了宗教论文《基督教徒的英雄》，接着又写了几个戏剧，但真正让他在文学界取得地位的是他的小品文。1709 年，他创办著名的《闲话报（The Tatler）》，后来又与艾迪生合办《观察者（The Inspector）》。——译者注

　　②Cut the apron strings，剪断围裙带，即摆脱对妈妈的依赖，走向独立。——译者注

变化。而且，尽管十几岁的孩子可能喜欢认为自己是大人了，实际上他们仍然需要你的指导，但他们常常就是不想听！十几岁的孩子可能叛逆而鲁莽。他们可能会对你撒谎，对你认为重要的任何东西似乎都毫不在乎，而且，你会感到自己被完全排除在他们的生活之外。这是很令人难以接受的，因为那么长时间以来，你一直是他们的世界的中心。对于身为父母的你来说，这可能是一个困难重重、充满压力和令人不安的时期。

如果你知道这个过渡时期对于他们也同样困难，或许就会对他们多一些理解，因为对于他们来说，这是一个内心充满冲突的时期。他们不得不奋力争取独立，但可能会发现独立令人恐惧。他们想要自由，但不想承担责任。他们不得不面对很多身体上的变化，可能会非常难为情，常常感觉受到误解，并且心情变化无常。他们想融入同龄人的群体，但需要发现自己的个性。学业和考试给他们带来很多压力，并且有一些关于未来的重大决策在等待着他们做出。在所有这些事情中，他们都感受着父母的期望和焦虑的沉重压力。尽管可能看上去不是这样，但是，他们真的需要你和你的支持，而且需要你无条件的爱。

专家观点

沟通是驶过这些潜在风暴水域的关键。一个共同参加的活动会使沟通容易得多，所以，抽出时间和孩子一起做些你们都喜欢的事情是非常重要的。

阿曼达·戈莫博士，儿童发展专家

在这种混乱之中，你可能会想，到底怎么才能有一个阅读的空间？好消息是，这样的空间是存在的。更好的消息是，阅

读能很好地帮助你和孩子度过这几年。阅读可以作为一座将你们在孩子青春期以前的生活和更加困难的现在连接起来的桥梁。你们一起读过的故事，将仍然能唤起你的孩子对以前从你这里得到的安慰和全身心关注的记忆。除了情感上的支持，十几岁的孩子确实还会从阅读中获得实际的好处。

从玛雅很小的时候，我就给她读书。到她 14 岁的时候，我仍在给她读书——她喜欢得到我全身心的关注，而不是不得不和她的弟弟分享我的关注；这能帮助她晚上入睡。不过，由于她的学校功课和一些兴趣爱好的原因，我停止了给她读书。在 15 岁和 16 岁时，她自己阅读的时间也少了很多，尽管她每周会读杂志。她的朋友们的兴趣对她产生了很大的影响。电影也是一个很大的诱因。渐渐地，学业的加重使得她对阅读不那么感兴趣了，而且快乐阅读也退到了次要位置。她现在 19 岁了，阅读又多了起来。我和她妈妈把我们的书拿给她读，我们还会聊聊这些书。

史蒂夫，玛雅的爸爸

那么，你的十几岁的孩子如何从阅读中获益呢？简短的回答就是"从很多方面"。当然，通过围绕一个主题进行广泛的阅读，他们的功课会有进步。但是，更重要的是，阅读是一种放松，是一种逃离压力和无聊的方式。阅读使十几岁的孩子有能力间接地感受生活，并在想象中探索那些由于自己年龄太小而无法经历的真实生活。

在"青少年焦虑"时期，阅读还是一种很好的安慰。阅读一些关于其他十几岁孩子的经历，有助于使你的孩子感觉到自己并不孤单，其他人和自己想的一样，而且能让他们在那些自己可能觉得太尴尬而不能和父母说的事情上找到建议和指导。

专家观点

与孩子一起读书，还会为你们讨论出现的问题提供一种工具，而且，小说能够提供与这些问题之间的一种距离。这会让这些问题不过于个人化——通过讨论书中的角色如何感受和行为，十几岁的孩子能够形成让他们在今后的生活中获益匪浅的洞察力和情商。

阿曼达·戈莫博士，儿童发展专家

在困难重重的这几年里，阅读以及和父母一起阅读，将是让孩子感到安慰与安心的一个重要来源。这将有助于保持你与孩子之间的联系，并帮助他们与你讨论一些事情。如果你继续与他们分享故事，那么，就总有一些可以聊的中立话题——你们一起读过的书。这将是你们双方日常生活中的一个安全地带，在这里既没有唠叨，也没有冲突！

阅读习惯

你的十几岁的孩子可能没那么多时间阅读，而且对阅读的兴趣没那么大。造成这种状况的原因有很多。同龄人的压力、对融入同龄人群体的担忧和对于其他人对自己的看法的过度在意，都起着一定的作用。不幸的是，很多十几岁的孩子认为阅读不够酷。

此外，十几岁的孩子越来越多地花在使用科技产品上的时间、他们忙碌的生活、学校功课的压力以及新出现的社交生活，都会侵蚀阅读时间。简而言之，他们似乎永远没有一段安静的时间能坐下来阅读，因为时间已经被无情地填满了。

近期的一份调查，恰好表明了阅读在中学受到了多大影响，以及被视为一件多么不够酷的事情：

		8~11岁（3、4、5、6年级）	12~14岁（7、8、9年级）	15~16岁（10、11年级）
如果我的朋友看到我在阅读，我会感到尴尬	男孩	22%	25%	23%
	女孩	18%	23%	17%
阅读很酷	男孩	49%	28%	20%
	女孩	59%	32%	29%
我每天都在放学后阅读	男孩	32%	21%	18%
	女孩	43%	28%	23%

英国国家读写能力信托报告，2013 年问卷调查

在这几年中，最大的挑战之一就是与孩子保持沟通，而且，随着他们年龄的增长，甚至仅仅与他们在一起待一会儿，都会成为一种挑战。十几岁的孩子往往会把自己封闭起来——身体上和情感上都是如此——他们会关上卧室的房门，很少与父母聊天。朋友们是非常重要的，而且，当他们再大一点，男朋友和女朋友可能会登场，并占据你的十几岁孩子的心思。通过参与他们的阅读，你就仍然可以与他们一起共度一段宝贵的时光。而且，你们还能体验一种真正的亲近，有机会聊天并分享看法，并有机会向他们表达你有多爱他们。阅读拥有在人们的心灵最深处建立情感联接的力量，带来安慰和快乐。阅读是我在前面

尽管我已经说过那些挑战，但你会很高兴地知道，依然有大量喜欢阅读的十几岁孩子。我问过来自伦敦两所中学的一些12~16岁孩子的阅读习惯：

女孩：

我妈妈热爱阅读，而且她确保我和我的妹妹们每天都至少阅读半小时。

法蒂玛，12岁

我的阅读习惯是通过看由原著改编成的电影，然后读原著养成的。现在我在读《零和十字架》（*Noughts and Crosses*）系列。

贝丝，13岁

我读过一本非常喜欢的好书，从那时起，我就开始定期阅读各种各样的书了。

贾思敏，14岁

我喜欢大量阅读，随时随地都在读。我有阅读习惯，我养成这个习惯是因为我被书深深吸引。我的房间里大约有100本书。我的父母有时候仍然会给我读书。我们有一个规则——我不可以把手机带到楼上。现在我正在读《心划十字，以生起誓》（*Cross My Heart and Hope to Live*）。

爱丽思，13岁

我的父母要求我在睡前阅读半小时。我很快就会沉浸到一本非常好看的书中。我每天只有1小时的屏幕时间。现在，我正在读《天使》系列中的《黑色星期五》（*Black Friday*）。

梅齐，14岁

我的父母常常在我阅读的时候告诉我该去写作业了！从我记事起，我就已经喜欢阅读了。在节假日，我们全家人总是一起读一本书，而且我爸爸有时候会编一些故事。我爸爸会随机地给我买一些新书。我现在正在读迈克尔·格兰特（Michael Grant）的《饥饿》（Hunger）。

谢丽尔，13 岁

我是通过读"单向组合"乐队的短篇同人小说而爱上阅读的。随着时间的流逝，我开始读其他类型的书。

贝里文，14 岁

我会读那些看起来很有趣的书。一旦我对一本书着迷，就会一口气把它读完。然后，我会读这本书的续集或类似的书。

凯莉，14 岁

在我小时候，我的父母就带我去图书馆。从那时起，我就养成了阅读的习惯。

卡秋儿，14 岁

我喜欢阅读，并且会在任何地方读任何东西。我会高质量地很快做完我的家庭作业，以便我能阅读。我养成这个习惯是因为我妈妈在我小时候给我读书，而且她还希望我给她读书。除了在晚餐时间看看电视外，我们从周一到周五都没有屏幕时间。我爸爸过去经常给我读报纸。现在，他们有时候仍然会给我读，尤其是快到圣诞节的时候。有时候，我会要求他们在其他时间也给我读书。

香农，13 岁

男孩：

我喜欢读那些我喜爱的作家写的书，以及根据我爱玩的电子游戏改编的书。

纳特，14 岁

我其实没有专门的阅读时间。我只是在没有很多事情时才阅读。我感到无聊的时候就会读一本书，如果这本书很有趣，我就会继续读下去。现在，我正在读《布瑞·坦纳短暂的第二人生》（*The Short Second Life of Bree Tanner*）。

萨姆，12 岁

我一直有一个习惯，就是当我想休息一下的时候，就会阅读，而不是去使用电子设备。我的父母允许我每周有 3 小时的屏幕时间。现在，我在读《少年邦德》（*Young Bond*）。

奥利弗，12 岁

我是通过读那些能让我了解新事物的书养成阅读习惯的，还有有趣的书，例如《杀死一只知更鸟》（*To Kill a Mockingbird*）和《人鼠之间》（*Of Mice and Men*）。《骷髅侦探》（*Skulduggery Pleasant*）是我最喜欢的书。

吉那丁，15 岁

下午和晚上，我在自己的房间里阅读。我父母只允许我在周末使用我的电子设备。

凯，14 岁

我对阅读感觉良好。我应该算是有读书习惯的，这来自于那些没有网络信号或电视的假日。阅读能激发我的想象力。我现在正在读《了不起的盖茨比》（*The Great Gatsby*）。

乔，13 岁

与为了快乐而读一本书相比，我更喜欢到户外去玩。我只在感到无聊时才阅读。我会读爸爸从工作单位带回家的报纸，并且会问爸爸该读什么书，或者自己找一些流行的书。

奥斯，13 岁

大部分书我都不喜欢，因此，我读关于足球和游戏的杂志，还有报纸。

托比，12 岁

几章谈到的"亲子关系的黏合剂"。

正如你需要调整养育十几岁孩子的方法一样，你也需要调整鼓励你的孩子热爱阅读的方法。你需要通过采取不一样的方法来认可他们的日益成熟。对于 12 岁孩子很好的方法，可能对 16 岁的孩子就不管用。而且，孩子们发育的速度不同，并且有不同的性格。你的 15 岁的女儿可能是一个喜欢待在家里的人，或者她也可能是一个喜爱社交的性格外向的人，有一个"把家当成旅馆"的男朋友！

专家观点

在十几岁的这几年坚持阅读，与在其他任何时候坚持阅读同样重要。父母和照料人必须运用更加巧妙的办法，以鼓励孩子与你就阅读进行交谈，并喜欢阅读，而不是把阅读当成一种任务。

戴维·瑞迪，读写专家

不管你是希望继续鼓励并强化你的孩子已经养成的阅读习惯，还是重新燃起他们的阅读兴趣，最重要的事情是要尽可能地参与进来，并且要用最适合你的十几岁孩子的方式。不要放手不管！要把阅读作为桥梁，在你和你的孩子之间建立一种情感联结，使你们能聊聊书籍，分享故事，并一起做与图书和写作有关的事情。

你面临的最好的情况是在这几年到来时，你的孩子已经养成阅读习惯。这样，你就能调整你的方法，来适应青春期的变化。但是，如果你们几乎刚开始培养阅读习惯，并仍然在努力让阅读习惯扎根，也不要绝望，因为仍然有一些事情是你可以做的。

限制屏幕时间

你需要帮助你的孩子为阅读留出一些空间。忙碌的生活和触手可及的电子设备似乎填满了孩子们所有的时间，重要的是，要通过在家里为阅读创造安静的时间，来达到某种平衡。像以前一样，你应该限制屏幕时间。自由支配屏幕时间，对于十几岁的孩子来说是没有好处的，因为他们不会自我管理。你需要制定规则并加以执行。这可能并不容易！要记住，你的十几岁的孩子有时候可能会与你对着干，而且，坚持你的立场可能会很困难。我认为，如果你问自己一个人生中的大问题，即"我对我的孩子的真正希望是什么？"会帮助你下定决心。如果你希望他们把时间用在其他事情而不是屏幕上，你就需要采取行动。

专家观点

一致性真的很重要，而且你的目标是帮助孩子们学会自我管理，所以，要建立信任，并向他们解释，如果他们遵守某种规则，将如何获得更多的自由和选择。一般来说，减少冲突将反过来促进阅读，因为你们之间的气氛会变得不那么紧张，而且你的十几岁的孩子将不会倾向于故意违背你的意愿。

阿曼达·戈莫博士，儿童发展专家

当然，我并不是说你应该对屏幕彻底说"不"——科技给我们所有的人都带来了如此多的机会和好处——但是，限制屏幕时间是一个好办法。例如，我们家有一条规则：从周一到周

四不许玩游戏，周五、周六和周日的游戏时间也有限制。然而，任何游戏都必须在做完作业之后再玩。

根据 Childwise 开展的一项研究，十几岁的孩子们最怀念的电子设备是手机。通信管理局的一份独立报告显示，12~15 岁的孩子发出的短信数量，从 2009 年的平均每周 104 条，上升到了 2013 年的每周 255 条。没有迹象表明这种增长趋势会慢下来。

　　孩子的卧室里没有任何科技设备是最理想的。说实话，这在你的孩子年龄较小的时候更容易做到。所以，如果你想在孩子十几岁的时候实行新规则，例如，如果他们的卧室里有一台电视机已经好多年了，而你希望他们有一个新的开始，就很难把它拿走。但是，这并不是说你不应该这样做。你可以对任何事情说不！在十几岁的这几年里，你越早制定家庭规则越好，孩子也越容易接受。想想如果你不这样做会发生什么！我曾经和一个 13 岁的女孩聊天，她告诉我，当她晚上睡不着时，就会在床上用 DS 游戏机玩超级玛丽。在这种情况下，真的没有任何机会阅读一本书！

　　（关于屏幕时间的更多信息见第 1 章。）

📖 保持灵活性

　　你的养育方式需要随着时间而改变，对于十几岁的孩子，你需要既坚定又灵活。例如，大多数十几岁的孩子几乎像是和他们的手机长在了一起一样——毕竟，他们就是用手机与朋友们保持联系的。而且，由于十几岁的孩子喜欢长时间待在自己的房间里，阻止他们把手机带进卧室就变得更加困难。所以，他们可能会在你不希望他们使用手机的时候，给朋友发短信或使用社交网络。如果他们的手边有手机，期待并希望他们阅读能有多大的现实性呢？一个好的妥协办法可能是在睡前阅读时间（和睡觉时间！），让手机离开孩子的卧室，并把它放在其他地方，直到第二天早晨。像这样的规则如果适用于全家人，会让孩子更容易接受。因为我和我丈夫都不把手机带进卧室，我儿子很容易就接受了这个规则。你需要找到在你的家里管用的规则——每个家庭都是不同的。

我女儿现在不阅读。在过去的很多年中，我一直给她读书，并在家里摆满了书。现在，她只想玩手机或笔记本电脑。她花大量的时间在她的卧室里看电视和发信息。我怎么才能从一个 15 岁孩子的手里拿走她的手机呢？

斯嘉丽（15 岁）的妈妈

📖 鼓励阅读习惯

不要给你的十几岁孩子施加压力，或为了让他们多阅读而唠叨，这种方法可能会适得其反。跟成年人一样，十几岁的孩子通常会经历一个对阅读不感兴趣的时期。作为父母，你很容易感到焦虑，感到他们每一天、每一刻都应该阅读，因为你非常清楚阅读有多么重要。但是，你要尽量放轻松，因为阅读的兴趣有消有涨。不要感到担忧，你只需继续温和地鼓励他们，并在你的头脑中记住大局。阅读习惯的养成是一场马拉松，而不是短跑冲刺！

现实地说，在如此繁忙的学校生活和日渐独立的社会生活中，睡前时间是最合理的，而且也可能是最有益的阅读时间。要跟他们聊聊睡前阅读如何可以帮助他们放松和减压。其他可以用来阅读的机会包括上学和放学的路上、周末、放学后做完作业的时间，以及节假日。

你还可以考虑与你的十几岁孩子聊聊阅读对于他们未来生活的重要性。你可以告诉他们阅读将如何在生活中帮助他们，如何让他们在学校和工作中取得成功，以及如何为他们带来不一样的生活体验。这能让他们感觉自己像个大人，让你能够以平等的身份与他们谈论阅读。

如果通过阅读来放松对他们没有吸引力，那么，你可以用其他好处来吸引他们——或许是一些更直接而实际的东西。例如，通过阅读，他们可以在任何感兴趣的事情上成为专家——流行音乐、马、漫画、自然、烹饪、天文学……他们还可以读到其他十几岁的孩子的生活和遇到的问题，并运用从阅读中获得的经验帮助自己面对遇到的困难。

专家观点

将你的十几岁孩子生活的其他方面与阅读建立起联系是很重要的。流行文化，尤其是电影和电视，还有音乐，都是阅读的愉悦感的重要来源。一部流行的电影可能是根据一本书改编的，或者可能会催生与它相关的图书，并且围绕这部电影可能还会产生一个网站，一个游戏或一个APP。著名的乐队一般都会出书，尤其是关于他们的传记，这会让十几岁的孩子津津有味地阅读。目前最受欢迎的著作是有关电影《饥饿游戏》（*Hunger Games*）以及"单向组合"乐队的，两者派生的图书销量巨大，并促使了很多孩子阅读。

戴维·瑞迪，读写专家

📖 把任何阅读都视为"正常的"

我建议，当他们真的在阅读时，你不应该小题大做！通常，如果他们认为有些事情是你真正希望他们做的，他们就会做与之完全相反的事，以坚持他们的独立，并向你表明他们不是必须做你想让他们做的事情。你要把任何阅读都视为完全正常的。毕竟，这正是你的目标：快乐阅读应该成为孩子的第二天性。当孩子们阅读并喜欢这种经历时，阅读本身就成了一种奖励。

📖 有固定的阅读时间仍然是最理想的

你的十几岁孩子的习惯可能是每天阅读、一周阅读几次，或不那么经常阅读（或许每个周末阅读），但这仍然是一个固定的习惯。拥有固定的时间是最理想的，这当然是因为这样才能养成习惯。如果你的孩子从周一到周五都很忙，也不喜欢在睡前阅读，但每个周末会坐下来阅读，并对此十分期待，那么这也是一种非常积极的状态。

正如我在前面说过的，阅读习惯的养成是需要时间的。不要强迫，但要尽可能地不断鼓励阅读。而且，你自己也要始终树立一个好榜样。这样，你就为孩子树立了一个正面的行为榜样，即使你的十几岁的孩子可能会嘲笑你！

如何读

通过我的研究，我发现很多父母认为自己不需要，或者确实不能够对鼓励自己的十几岁孩子阅读发挥积极的作用。一些父母认为自己起不到作用，一些父母认为自己的鼓励或参与是根本没有必要的。

你绝对能发挥作用，而且孩子需要你！你对你的十几岁孩子的阅读的参与程度，可以从非常密切的和"亲自动手"的（比如，如果你们采取共读的方式——见第86~87页）关系，到一种分享和聊天的关系。实际上，随着你的孩子逐渐长大，你们的阅读会自然而然地变成一种更加互惠的关系。随着他们的读物变得更加复杂，你可以与他们分享图书，相互推荐书，并讨论你们读过的书。

· **体恤他们的需求——他们需要被看作一个大人，并且是一个有自己的正确观点的大人。**永远不要批评或贬低他们选择的读物。要倾听他们的观点，并像朋友一样轻松地和他们交谈。当你们聊书籍或杂志时，你们的交谈很可能会转移到其他事情上，这正是我所指的阅读是亲子关系黏合剂的一个很好的例子。这能让你们的关系变得更加亲密。你的孩子应该感到能够向你吐露心声，而这将帮助他们面对各种各样的挑战。

对于很多不愿意阅读的孩子来说，他们唯一可能读的是在学校语文课上不得不读的那些书。当然，危险在于，这些书会被不假思索地看作是无聊的，因为它们是家庭作业。你可以用几种方法来帮助他们。

· **如果他们发现一本书很难读，你可以建议共读这本书，并且要尽量使之变得有趣。**这可能对年龄稍小的十几岁孩子最管用。或者，你们可以分别独自阅读这本书，以便你们能一起聊一聊它。但是，要确保不要留下好像你要检查你的十几岁孩子的印象——相反，要表现出你自己是多么想读这本书，以及对它多么感兴趣。或者，你可以说："我很多年前读过这本书，现在很想重新读一读"，或"我从来没有读过这本书，但我一直都很想读。"

有些十几岁的孩子会喜欢你的这种兴趣，有些会讨厌！再说一遍，你了解自己的孩子，并且你知道这个方法是否适合你们。了解他们正在学习的书的一个额外好处是，你可以通过对他们的想法提供征询，来帮助他们完成语文作业。一位妈妈讲述了她的 14 岁的儿子奥利对于不得不读阿瑟·柯南·道尔（Arthur Conan Doyle）的《巴斯克维尔的猎犬》（*The Hound of the Baskervilles*）如何发疯似地抱怨，他对她说："这本书就是垃圾，它太无聊了。"然而，在她给他播放了福尔摩斯电视剧的 DVD 之后，他产生了更多的兴趣。

专家观点

现在，语文课上阅读的大多数书都有一部相关的电影。所以，很值得购买这些电影的 DVD，来帮助提高孩子们的兴趣。

戴维·瑞迪，读写专家

· **与你的十几岁的孩子互相交换图书并推荐图书。**如果他们给你推荐了一本书，你一定要读！要充分利用分享的机会。家里有了一个新的读书伙伴，可以与你分享阅读的快乐，你要享受这种新的乐趣。要与他们畅谈你们读的书。

一个母亲告诉我，她的儿子在 14 岁时完全停止了阅读，而以前他一直是一个贪婪而热心的热爱阅读的人。他完全对阅读失去了兴趣，并开始玩起以前不感兴趣的电脑游戏。他们的关系受到了严重损害。她和她的伴侣找不到能跟他积极地聊天的任何话题，所有的沟通都会导致冲突。这位妈妈和她的伴侣感到很绝望。但是，突然之间，在 17 岁时，他又恢复了阅读的习惯，并开始推荐一些书给她。她也给他推荐书作为回报。他并未停止玩游戏，但是，现在他已经在二者之间找到了平衡，而且他们重新找到了积极而富有创造性的话题可以聊，亲情心理联结更加牢固了。

· **尽可能尝试与孩子一起去参加与图书有关的活动**。这样做有几个好处：你们是在一起分享这些活动的快乐，你们可以获得读什么书的灵感，并且你们能在那里见到其他喜爱阅读的十几岁的孩子。

当你们一起购物时，一定要经常逛书店，而且，或许可以给你们每个人都买本新书来款待自己。这是让一个孩子做出独立选择的好办法。要让你的孩子在书架上随意浏览并让他们去看看自己想读什么。现在，很多书店中都有咖啡厅，为何不与孩子一起喝杯咖啡，给这次外出增添更多的乐趣呢？你还可以试试与孩子分享电影原著书籍，并且和他们一起去看电影。

· **为孩子作出榜样，并表现出你对阅读的喜爱，因为这样仍然很重要**。要尽量想出分享阅读的新方法。一位有两个男孩（分别是 14 岁和 12 岁）的妈妈告诉我，他们在周末有一个新的家庭惯例——全部一起窝在床上，妈妈在中间，每个人都读自己的书。这是一段特别的家庭时光，而且妈妈在向孩子们发出一个强有力的信息——阅读是度过闲暇时光的好办法，强化了阅读是一种快乐的观念。

罗丝，14岁，每个星期六下午都会去看望89岁的奶奶。她会和奶奶坐在一起，喝茶聊天，并且每次奶奶都会为她大声朗读。在听着奶奶读书时，罗丝可能会画画，或者甚至会编织。但是，大多数时候，她只是裹着奶奶的苏格兰格子呢毯子，静静地听奶奶给她读那些古老而经典的书，例如《铁路边的孩子们》（*The Railway Children*）。罗丝喜欢这样，每周都盼望着这段时光。

·如果你们在过去的几年里已经养成共读的习惯，现在你们就有一个很好的机会把这个习惯继续下去——如果可能的话，一直持续到他们的青春期。要抓住这个机会！你们保持的时间越长（不管是每天一次还是几天一次）越好。

随着时间一个月又一个月、一年又一年的流逝，你是在让阅读习惯和对阅读的热爱更牢固地在孩子的心里扎根。而且，如果你仍在给你的十几岁的孩子读书，要继续保持下去。我认识的一些十几岁的孩子通常会同时读两本书，一本是他们自己阅读的书，一本是与父母共读的书。我认识的一个家庭中的女儿喜欢独立阅读，但也喜欢让别人给她读书：

我13岁的女儿有她自己的"私人图书"——索菲·金塞拉（Sophie Kinsella）这类作家的书——青少年的书。我们一起阅读和分享其他的书，大部分是她不会自己读的书。《小灰人》（*The Little Grey Men*）是我们全家的最爱。贾思敏、凯莉和我，我们都很喜欢它。甚至有些时候，当她们的爸爸能及时回家时，他也会听我读书。

贾思敏（13岁）和凯莉（8岁）的妈妈

通过把你的时间贡献给他们，你会明确地向他们表明你对他们的重视和爱。他们需要知道这一点，以便让他们能成功驾

121

驭面临的挑战。

专家观点

各种研究都显示，健康的依恋对于孩子将来的情感健康是至关重要的，而且，对父母有安全的依恋的十几岁孩子能够应对日渐增强的独立性，因为他们知道，在必要的时候，他们可以回到一个安全的港湾。

阿曼达·戈莫博士，儿童发展专家

不幸的是，随着孩子逐渐长大，并变得越来越成熟，身体接触变得不那么容易并且不那么频繁了。阅读提供了一种舒适、轻松、自然的身体亲近的方式。当你有时间和孩子在一起，能够关注他们并与他们享受共读的快乐时，我提到过的亲子关系的黏合剂就会发挥强大的作用。（对此有一段十分可爱的描述，见第 136~137 页罗伯和艾拉的对话。）

·**随着他们逐渐长大，事情将会发生变化，而且你们一起阅读的时间也会减少。** 你的十几岁的孩子最终将再也不想与你一起阅读，但是，在他们刚刚步入青春期的那几年，你肯定能够继续和他们一起阅读。在我与之交谈过的一些一直保持这种习惯的家庭中，与孩子一起读书明显就像睡前刷牙一样正常，所以，这并不是一件大事。而且，十几岁的孩子喜欢别人为他们读书，与任何一个人一样！你可能会惊讶于他们可以这么长时间开心地听你读书。

我在上一章中提到过，人们普遍认为给自己的孩子读书是件很幼稚的事，而独立阅读是衡量孩子是否成熟的某种标准。

122

这完全是胡说，而且，如果你不认为大声朗读是件很幼稚的事，那么孩子也不会这么认为。的确，他们可能不想把这件事告诉他们的朋友们，但这没关系。这可以成为你们家里的秘密。

·**随着你的孩子逐渐长大，并且在你面前，他或她的身体自我意识变得更强，那么，当你给他或她读书时，你可能想改变一下自己的位置。**例如，以前，当你给你的孩子读书的时候，他或她可能会很开心地和你依偎在床上，但从某个时候开始，这种姿势可能开始让人感到尴尬。要体谅你的十几岁的孩子。你仍然可以在睡前给孩子读书——可以试试坐在床上，或者搬一把椅子到卧室里。要找到一种对你和你的孩子都合适的方式。

我认识的一位妈妈每天晚上都会和 15 岁的儿子一起坐在沙发上——他把腿搭在她的身上，她大声朗读，然后再换他朗读——这种身体接触方式是他们双方都感到舒服的。而且，这位妈妈也很喜欢听儿子为她朗读。另一个方法是尝试在周末与孩子共读。尽管每天在睡前为一个 16 岁的孩子读书可能看上去有些奇怪或难以想象，但在周日的下午与孩子共读，比如一起蜷缩在沙发上，边读书边享用茶和点心，似乎是很容易接受的！

如果你已经停止与孩子共读，你或许可以问问他们是否喜欢重新开始。要试试——他们可能会同意。这当然不应该是一项强制性的任务，就像做家务一样，所以，不必每天晚上都共读，或许，只在周末、节假日或只是偶尔共读就可以了。

给我的孩子们读书一直都是我一天中最重要的事，我每周至少会抽出时间给他们读 3 次书。实际上，我一直给我的儿子读书，直到 12 岁的时候，他面对着我，并且问我是否该停止这样做了。我同意再给他读最后一个故事，然后把《魔戒》（*Rings*）从书架上

123

拿了下来!

戴维·瑞迪，读写专家

·当你的孩子经常不在家时，当时间很紧张时，当他们热衷于社交生活，似乎只是匆匆忙忙地赶回家吃饭，接着又跑出去时，你可能会发现，根据实际情况一起安排阅读时间会有帮助。这个方法将向他们表明，你认为阅读以及和他们在一起是多么重要，重要到你想确保它在你的日程安排中占据一席之地。

读什么

除了面临为阅读找出时间和空间，以及建立一个阅读惯例的挑战之外，找不到可读的书是十几岁的孩子们最常抱怨的事情之一。他们需要你的帮助!

		8~11 岁（3、4、5、6 年级）	1~14 岁（7、8、9 年级）	15~16 岁（10、11 年级）
我找不到让我有兴趣阅读的书	男孩	28%	38%	43%
	女孩	22%	30%	33%

英国国家读写能力信托，2013 年问卷调查

124

留意任何让孩子感兴趣的东西

正如对任何其他年龄的孩子一样，要始终寻找机会，把阅读与他们感兴趣和流行的东西联系起来。例如，如果他们喜欢一部电视连续剧，而正好还有一本相关的书，就要把这本书给他们读。电影也是让他们读书的一个巨大动力。如果他们看了一部喜欢的电影，而这部电影是根据原著改编的，要把这本原著给他们，并且要告诉他们书中总有比电影多的内容，所以会比电影更好！《饥饿游戏》（*The Hunger Games*）、《霍比特人》（*The Hobbit*）、《魔戒》（*The Lord of the Rings*）、《壁花少年》（*The Perks of Being a Wallflower*）和《暮光之城》（*Twilight*）系列等等，都是很好的例子。如果他们对某些名人十分着迷，就给他们有关他们最喜爱的人物的传记。任何一种兴趣爱好都有相关的书或杂志——烹饪书、漫画、漫画小说、冒险、浪漫、幻想！每个人都喜欢开怀大笑——要试试关于他们最喜爱的喜剧演员的书，或者有幽默观点的书，例如比尔·布莱森（Bill Bryson）写的那些书。痴迷体育？何不试试他们最喜欢的体育英雄的传记，或者把你的报纸的体育版拿给他们。如果他们喜爱时尚，也有很多相关的书，从《穿 Prada 的女魔头》（*The Devil Wears Prada*）或可可·香奈儿（Coco Chanel）的传记，到时装史的百科全书。

与孩子小时候一样，让他们对阅读系列图书产生兴趣始终是个好主意，原因很明显——下一本书已经准备好并等待着他们阅读了。同样，如果他们已经喜欢上一位作家的书，要寻找这位作家写的其他的书。要鼓励你的孩子去当地或学校的图书馆寻找新书。要建议他们问问朋友们在读什么书，你亲自问他们的朋友就更好了！当他们的朋友到你家做客时，你要开始和他们聊阅读，告诉他们你正在读什么书，并问问他们最近喜欢什么。这是使阅读正常化的一个很好的方法，也能让你们找到合适的话题。我自己就曾经通过提起这个话题，与我儿子和他的朋友们畅谈了书籍。

专家观点

　　同龄人群体对这个年龄的孩子来说是非常重要的。如果你认识他们的朋友中任何一个喜欢阅读的人，要鼓励他们与你的孩子交换图书，并问他们在读什么书——对十几岁的孩子来说，有时候与朋友的父母聊天，要比和自己的父母聊天更轻松！

　　　　　　　　　　　　　　　　戴维·瑞迪，读写专家

　　杂志在这里显然也是一种选择。事实上，杂志对于恢复中断了的阅读很有帮助。杂志通常会让十几岁的孩子们非常感兴趣，因为其"出入自由"的内容很吸引人，让他们觉得与流行文化息息相关。

　　如果你的十几岁的孩子喜欢各种新奇的小玩意儿，你可能会发现电子书新奇而有吸引力。实际上，如果他们去上学院或大学，电子阅读器和笔记本电脑是避免随身携带一堆非常沉重的参考书的一个好方法。其他类型的数字阅读包括直接在线阅读。在一些诸如Wattpad之类的网站上可以找到大量的原创作品。很多十几岁的孩子都对这些网站感兴趣，而且这里有很多青春小说，其中大部分是由十几岁的孩子自己创作的。这些网站提供交流的平台，让十几岁的孩子们可以对他们看过的东西发表评论和评价。

我知道你很容易对电子阅读感到焦虑，因为你无法轻易看到你的孩子在读些什么，也不知道是否适合他们阅读。但是，你总是可以问他们正在读的是个什么故事，并和他们聊聊这个故事。不要担忧。所有的阅读都是有益的！这表明他们对快乐阅读是感兴趣的。如果你的十几岁孩子的注意力被吸引住了，要把这视为促进阅读进一步发展，并鼓励拓展阅读范围的一个机会。

专家观点

在诸如 Wattpad 之类的网站上阅读，从两个方面来讲是有益的。这些十几岁的孩子不仅是在阅读，而且他们被鼓励去写作，因为他们看到了其他十几岁的孩子写出来并发表在网站上的作品。

戴维·瑞迪，读写专家

我的阅读是从网络开始的。我非常喜欢在网上阅读，因为我认为与实体图书相比，网上可供选择的种类更多。在我们家里安装了宽带之后，我就慢慢地开始在网上阅读，并开始迷上维基百科。我开始研究计算机应用，这还提高了我的英语水平，并扩展了关于科学技术与信息技术的知识。

乌穆特，14 岁

读什么都行

要记住，你的十几岁的孩子需要感到自己是独立的个体，需要把自己视为独立于你并拥有自己观点的人。所以，他们需要自己选择读什么。在这方面要想取得平衡可能比较难。你需要帮助并鼓励他们，同时又不能强迫或向他们施压。解决方法是推荐给他们大量的书籍，同时不要把你的观点强加给他们；要给他们做出自己的选择的机会。例如，你可能非常渴望他们像你一样读一些经典名著，但是，如果他们仍然放不下《小屁孩日记》，或者沉迷于各种杂志中，你一定不要显露出不赞成。最重要的是，你的孩子正在享受阅读。

其实，这和他们小时候完全一样。你需要让你的十几岁的孩子接触到大量不同类型的读物。他们正在发展自己的个性，探索自己是什么样的人，自己的兴趣是什么。尝试不同的图书就像尝试不同的个性一样——"我是不是一个喜欢惊险小说的人？"，"我是喜欢传统的浪漫小说还是吸血鬼小说？"等等。所以，要继续让他们看到你能找到的任何不同的新读物，但不要施加压力；你自己要尽量在孩子面前多读书；并且不要唠叨，因为这可能会起到非常可怕的反作用：15岁的萨姆告诉我："每个人都喋喋不休地叫我阅读——妈妈、爸爸、我的老师，甚至奶奶。这只会让我很烦。"

📖 阅读并不总是意味着把书读完

对他们来说，开始读某本书，然后认为"这本书不适合我"，并不再阅读，这样做是完全可以的！一定要让你的孩子认识到，他们不必非得把一本不喜欢的书读完。他们读的书越多，就越能帮助他们发现自己的喜好，也越能反映出他们越来越强的个性意识。

📖 要确保孩子读的书不太超前

有时候你可能想对孩子读的东西说不，尽管你很清楚，如果你禁止阅读某本书，可能会使它更有吸引力。如果你的孩子正在读的东西让你非常担忧，看上去完全不适合，你要自己读一读，以便能有一个公正而明智的看法。然后，要向孩子解释你为什么不喜欢它。我与一位母亲交谈过，她 12 岁的女儿问她能否读《50 度灰》（*50 Shades of Grey*）这本书。这位妈妈说"不行"，并解释了原因。当然，完全管住她的女儿是很难的，这个女孩可能仍会与朋友一起读这本书。我认为，这个例子中最好的一点是，这个女孩征求了她妈妈的意见——她们之间的这段对话是很轻松的，因为她们习惯于聊与书有关的话题，这样一来，妈妈就能够解释清楚自己的看法。

专家观点

即使他或她读过的一些书让你很不高兴，你也要用坦诚的态度与孩子讨论这些书的内容，这样做能使你与孩子继续轻松地谈论阅读。你的孩子在阅读具有挑战性的新读物时会有安全感，因为他们能与你讨论任何不懂的东西。

阿曼达·戈莫博士，儿童发展专家

你的孩子很可能仍然会经历不愿意读任何太有挑战性的读物的阶段。这没有关系。你自己可能也会经历这样的阶段，我知道我就是如此。他们还可能经历对阅读一点兴趣也没有的阶段。要耐心——所有的事情都会随时间而改变，而且，这并不意味着你的孩子已经变成了一个不爱阅读的人。一定会有什么

东西吸引他们重新阅读的——或许是某种完全不同的东西。一位爸爸告诉我：

> 我儿子似乎对阅读的热情有所减少，并从热衷于阅读具有挑战性的书退回到了读他的日本漫画书。他是一个非常视觉化的人——他喜欢画画，并且很喜欢插图，所以我上网搜索了一些有趣的绘图小说，并发现了亨特·爱默生（*Hunt Emerson*）的漫画书，购买了两本。我把它们放在了客厅的椅子上。当然，他拿起了它们，似乎很感兴趣。我说我认为他可能会喜欢它们。在睡觉前，他说："爸爸，今天晚上我不看《火影忍者》（*Naruto*）了，我要看《但丁的地狱》（*Dante's Inferno*）！
>
> 艾伦，卢卡斯（13岁）的爸爸

阅读之家

在每个房间都摆放各种阅读材料仍然很重要。十几岁的孩子尤其喜欢长时间待在自己的卧室里，所以，要确保他们的书架上摆满书，并且他们的手边要有杂志。你希望他们不但会拿起科技产品，而且还会拿起书籍。我最近拜访过的一个家庭在浴室里放了各种图书，从诗集到一本关于世界上不同厕所的书，再到希腊神话和小说。在他们家里，洗澡的时间就是阅读的时间，他们的孩子们通常会在泡澡放松的时候读书。

你需要制定关于屏幕时间的规则，为阅读创造安静的时间，并让书籍随处可见。你需要树立榜样，不仅要为了快乐而阅读，而且还要关掉屏幕。要与孩子聊聊书籍并分享书籍。要把书作为礼物送给他们，并让他们看到书是受人欢迎的、是有价值的。

如果有可能的话，要寻求其他榜样的帮助，比如一个很酷的姑姑或叔叔，或者来自受孩子尊敬的某个家庭中的一位朋友，让他们与孩子聊聊自己最喜欢的书或杂志。而且，不要区分性别——永远不要相信男孩不喜欢读书这个盛行的说法。他们是可以爱上阅读的，并且确实喜欢阅读！

应该做和不要做的事情

应该做的事情

√ 继续参与你的十几岁孩子的阅读——用你能做到的最恰当的方式。要认识到你们的阅读关系将会随着他们的成熟而有所发展。

√ 继续给你的十几岁孩子阅读并和他们一起读书，时间越长越好，如果有可能，要一直持续到他们的青少年时期。

√ 分享并推荐图书，让你的家成为一个聊阅读和书籍的地方。

√ 如果你的十几岁孩子给你推荐了一本书，或一篇文章，你一定要读，并且读完后要和孩子讨论——要尊重他们的阅读选择。

√ 树立一个榜样，并在孩子面前读书。

√ 制定关于屏幕时间的规则——针对你和你的孩子——并遵守这些规则。

√ 制定关于晚上不允许把科技产品（尤其是手机）带进卧室的规则。

√ 要有大量内容广泛的读物——各种书籍、杂志和报纸。

√ 通过留意那些反映孩子们的兴趣与热情的书籍、杂志和文章，来帮助他们找到想读的东西。

√ 鼓励他们独立地选择自己要读的书。

√ 通过一起参加与书籍有关的活动，用一种更广泛的方式分享阅读，而且，要让逛书店成为你们外出购物的常规环节。

√ 保持全局观；养成终生的阅读习惯是一场马拉松，不是短跑冲刺。

√ 继续温和地鼓励你的十几岁孩子，并且不要给他们施加压力。

不要做的事情

✕ 不要让你的十几岁孩子迫于压力而阅读。要鼓励，但不要唠叨。

✕ 不要过多干预——要尽量在保持参与、鼓励孩子阅读并继续提供大量的读物，与允许他们做自己并做出自己的阅读选择之间保持一种平衡。

✕ 永远不要相信那个盛行的观点——女孩比男孩更可能阅读。

✕ 不要批评他们的阅读选择，或表现出任何的不赞同。如果某些书真的不适合他们阅读，你自己要读一读，以便获得一个公正的看法，并向孩子解释你为什么不喜欢它。

✕ 如果他们在阅读，不要大惊小怪，也不要"昭告天下"。

问答

我的十几岁的孩子说，没有有趣的书可以读，我推荐的所有书籍都很"无聊"，我该怎么办？

不要放弃——每个人都有让自己感兴趣的东西。要努力想想他们到底喜欢什么。例如，如果他只想玩"使命召唤"，就给他买一本游戏攻略。孩子只对化妆感兴趣？就给她买一本关于如何化妆并创造新容貌的书。一旦他们读了某些书并喜欢读，要接着给他们一些其他的书。一定要趁热打铁！

当我试图实行关于屏幕时间和科技产品的新规则时，孩子大叫着反对。我怎么才能让他听我说话？我想知道这么做到底值不值得。

首先，不要让步。要记住是谁说了算——是你！这是你的家，由你来制定规则。要向孩子解释你并不是禁止所有的屏幕时间，只是阐述使用屏幕时间的规则。你可能不得不在短期内忍受不愉快的家庭纷争，但是，要记住你的更大的目标。如果你想帮助他爱上阅读，就需要给他创造阅读的时间！

我说什么他都认为不对。如果我设法和他谈论读书的事情，他完全没有兴趣。我该怎么才能让他听我说话？

不要认为这是针对你个人的！如果你的直接的方法不管用，要试试间接的并且对你的十几岁孩子来说更容易的方式。要不时地为他选择一些书，并且只需把这些书放在他的床头柜上，以便让他能够看书，又不会感觉受到监视。不要小题大做。或者，你可以向孩子认为很酷的一位叔叔或好朋友寻求帮助，让他们谈谈自己喜欢的书，或者让他们把书作为生日礼物和圣诞礼物送给孩子。

我们的女儿过去每天都读书，但是现在却对读书没什么兴趣。我怎样才能让她重新爱上阅读？

不要给她施加压力。阅读在青春期的某些阶段有点儿下降是很正常的。有那么多其他的事物吸引他们的注意力。要接受孩子不经常阅读的情况，但要温和地努力使孩子继续阅读。不同类型的读物可能会产生更大的吸引力，例如关于流行文化的杂志和书籍。尽量不要担忧，她最终会恢复对阅读的热爱。

发展阶段

以下是 12~16 岁孩子的一些主要发展情况。

社会与情感能力
· 朋友对他们的兴趣造成的影响将超过父母。
· 在情感上变得更加独立于父母。
· 想更多地表达他们自己的个性。
· 交流方式越来越数字化。
· 自尊心很脆弱，同时自我意识正在成熟，而且十几岁的孩子似乎对关于自己的负面评价过分敏感。

思维能力
· 十几岁的孩子将形成复杂的思维模式，并能够应对抽象的和假设的概念。

身体发育

· 激素分泌十分旺盛，并且十几岁的孩子的情绪可能会在短期内会出现大幅波动。

· 青春期带来一系列身体上的变化，但社会与思维能力不一定与之同步发展。

给父母们的提醒：每个孩子的成长发育速度很不一样，并且会在不同的年龄掌握不同的技能——通常是由一个孩子所处的环境决定的。然而，不论他们在什么年龄获得这些技能，都是按照顺序获得的，所以，孩子们是在之前所掌握的较为简单的技能的基础上，逐渐获得更复杂的新技能的。举例来说，在一个孩子掌握大运动技能这一肌肉运动的基础之前，她或他是无法学会用精细运动技能来书写的。最重要的是，要记住，没有哪两个孩子是完全相同的！

父亲和女儿（17岁）一起谈阅读
罗伯说：

我女儿艾拉从来就不是一个喜欢读书的孩子，这令我很失望。我的妻子和我做了很多父母都会做的事，并在她10岁左右就不再给她读书了，因为我们认为她会继续独立地阅读。现在艾拉17岁了。我听说了在青春期继续给孩子读书的好处，并决定试一试，即使她都已经快度过青春期了！我工作很忙，经常出差，所以与我的孩子们相聚并不是件容易的事，但我向她建议，我们可以再试试一起读书，令我非常吃惊的是，她很感兴趣！

我们一起读了3个月，这是一段美妙的经历。我与我的女儿的关系亲密了，我们蜷缩在扶手椅中一起读书，轮流大声为对方朗读。这使我与女儿建立了联结。她的社交生活十分丰富，经常外出。我能与她在一起的时间很有限，我发现，过去她只在有事情的时候才会来找我，例如，问我什么时候去接她，或是能否给她20英镑。一起读书使我重新见到了我心中那个尚未长大的女儿。一起读书带来的身体上的亲近是非常美好的。在她这样的年纪，身体的亲近会让人尴尬——例如，现在我往往从侧面拥抱她。阅读能让我们的身体不知不觉地靠近。在日程安排中留出一起读书的时间，并有意识地为彼此挤出时间，这种感觉非常好。

不能继续与她一起读书令我感到非常失望——我的工作安排使我无法这样做——但是，真正有趣的是，艾拉现在会自己读很多书，并和我谈论她读过的书。这真的增进了我们的关系，并且重新燃起了她对阅读的兴趣。

艾拉说：

我真的很喜欢和我爸爸一起读书；能与他一起度过一段黄金时间真的很好。听到不同的声音朗读那些语句，让书变得更有趣。通常，我读书不太多，但是，和我爸爸一起阅读很好玩，并且给我带来了更多的乐趣。

书 架

　　下面列出了本书提到的所有图书。我已经把它们归入大致的年龄段，但是，要记住，这只是一个参考。这也是一些书不止出现在一个阶段的原因。我希望这能够给你一些主意和启发。如果你的孩子似乎已经准备好阅读更富有挑战性的书，那很好，或者，打个比方说，如果你的孩子刚开始上学，而且仍然想读《老虎来喝下午茶》这样的书，也完全没有问题。重要的是坚持读下去！

学龄前（0~4 岁）

《哎呦猫咪》（*Cats Ahoy*），彼得·本特利（Peter Bently）和吉姆·菲尔德（Jim Field）

《戴夫和牙仙子》（*Dave and the Tooth Fairy*），弗娜·阿莱特·沃金斯（Verna Allette Wilkins）和保罗·亨特（Paul Hunt）

《亲爱的动物园》（*Dear Zoo*），罗德·坎贝尔（Rod Campbell）

《道格》（*Dogger*），雪莉·休斯（Shirley Hughes）

《花格子大象艾玛》（*Elmer*），大卫·麦基（David McKee）

《哈伯特·霍雷肖·巴特尔·鲍勃顿－特伦特》（*Hubert Horatio*

Bartle Bobton-Trent），罗伦·乔尔德（Lauren Child）

《跳起来加入我们》（*Jump Up and Join In*）系列，卡莉·格兰特（Carrie Grant）和戴维·格兰特（David Grant）

《露西和汤姆在海边》（*Lucy & Tom at the Seaside*），雪莉·休斯（Shirley Hughes）

《小鼠波波》（*Maisy*）系列，露西·卡曾斯（Lucy Cousins）

《尼伯太太搬家》（*Mrs Nibble Moves House*），简·皮尔格林（Jane Pilgrim）

《我的大喊大叫的一天！》（*My Big Shouting Day！*），瑞贝卡·帕特（Rebecca Patterson）

《第一次的经历全集》（*The Complete Book of First Experiences*），安妮·席瓦尔第（Anne Civardi）和斯蒂芬·卡特莱特（Stephen Cartwright）

《巨大的果酱三明治》（*The Giant Jam Sandwich*），约翰·弗农·洛德（John Vernon Lord）和珍妮特·巴罗威（Janet Burroway）

《快乐的邮递员》（*The Jolly Postman*），珍妮特·阿尔伯格（Janet Ahlberg）和阿兰·阿尔伯格（Allan Ahlberg）

《小海螺和大鲸鱼》（*The Snail and the Whale*），朱莉娅·唐纳森（Julia Donaldson）和阿克塞尔·舍夫勒（Axel Scheffler）

《弗家小兔的故事》（*The Tale of the Flopsy Bunnies*），比阿特丽克斯·波特（Beatrix Potter）

《老虎来喝下午茶》（*The Tiger Who Came to Tea*），朱迪斯·克尔（Judith Kerr）

《好饿的毛毛虫》（*The Very Hungry Caterpillar*），艾瑞·卡尔（Eric Carle）

《托普西和蒂姆》（*Topsy and Tim*）系列，珍·亚当森（Jean Adamson）和加雷恩·亚当森（Gareth Adamson）

《小玻在哪里》（*Where's Spot*），艾力克·希尔（Eric Hill）

人物、角色系列

《少年骇客》（*Ben 10*）

《奇先生妙小姐》（*Mr Men and Little Miss*）

《粉红猪小妹》（*Peppa Pig*）（又译作《小猪佩奇》）

《托马斯和朋友》（*Thomas the Tank Engine*）

开始上学（5~7岁）

《艾米利亚·简》（*Amelia Jane*）系列，伊妮德·布莱顿（Enid Blyton）

《阿特米斯全集》（*Artemis Fowl*）系列，欧因·科弗（Eoin Colfer）

《高卢英雄历险记》（*Asterix*）系列，勒内·戈西尼（René Goscinny）和阿尔伯特·乌德佐（Albert Uderzo）

《警察与强盗》（*Cops and Robbers*），珍妮特·阿尔伯格（Janet Ahlberg）和阿兰·阿尔伯格（Allan Ahlberg）

《神奇的仓鼠哈米》（*Hammy the Wonder Hamster*），波比·哈瑞斯（Poppy Harris）

《淘气包亨利》（*Horrid Henry*）系列，弗朗切斯卡·西蒙（Francesca Simon）

《狼先生的煎饼》（*Mr Wolf's Pancakes*），贾恩·费恩利（Jan Fearnley）

《妈妈下了一个蛋》（*Mummy Laid an Egg！*），芭贝·柯尔（Babette Cole）

《我的淘气小妹》（*My Naughty Little Sister Collection*），多萝西·爱德华兹（Dorothy Edwards），雪莉·休斯（Shirley Hughes）

《划向大海》（*Paddle-to-the-Sea*），霍林·克兰西·霍林（Holling Clancy Holling）

《秘密特工杰克：寻找沉没的宝藏——澳大利亚之旅》（*Secret Agent Jack Stalwart: the Search for the Sunken Treasure:Australia*），伊丽莎白·辛格·亨特（Elizabeth Singer Hunt）

《大喊大叫的亚瑟》（*Shouty Arthur*），安琪·摩根（Angie Morgan）

《最难以忍受的父母》（*The Most Impossible Parents*），布莱恩·帕腾（Brian Patten）

《丁丁历险记》（*Tintin*）系列，乔治·雷米·埃尔热（Georges Remi Hergé）

《托普西和蒂姆头上痒痒》（*Topsy and Tim Have Itchy Heads*），珍·亚当森（Jean Adamson）和加雷恩·亚当森（Gareth Adamson）

《鼬鼠维尔夫的快速溜冰鞋》（*Wilf Weasel's Speedy Skates*），爱德华·霍尔姆斯（Edward Holmes）

非虚构类

《好酷的变色龙》（*Chamelons Are Cool*），马丁·詹金斯（Martin Jenkins）和苏·希尔兹（Sue Shields）

《捕蝇草! 会反击的植物》（*Fly Traps！ Plants that bite back*），

马丁·詹金斯（Martin Jenkins）和大卫·帕金斯（David Parkins）

《一头儿进一头儿出》（*In One End and Out the Other*），麦克·戈德史密斯（Mike Goldsmith）和理查德·沃特森（Richard Watson）

《蓝鲸是最大的吗？》（*Is a Big Blue Whale the Biggest Thing There Is?*），罗伯特·E. 韦尔斯（Robert E.Wells）

《逻辑谜语》（*Logic Puzzles*），莎拉·卡恩（Sarah Khan）

《读与思》（*Read and Wonder*）系列

《探秘》（*See Inside*）系列，卡伦·华莱士（Karen Wallace），迈克·博斯托克（Mike Bostock）

诗歌

《喧闹的诗歌》（*Noisy poems*），吉尔·班尼特（Jill Bennett）和尼克·沙拉特（Nick Sharratt）

《反叛诗歌》（*Revolting Rhymes*），罗尔德·达尔（Roald Dahl）

《儿童滑稽诗》（*Silly Verse for Kids*），斯派克·米利根（Spike Milligan）

主动阅读（8~11岁）

《少年007》（*Alex Rider*）系列，安东尼·赫洛维兹（Anthony Horowitz）

《爱丽丝漫游奇境》（*Alice's Adventures in Wonderland*）和《爱丽丝镜中奇遇》（*Through the Looking-Glass*），刘易斯·卡罗尔（Lewis Carroll）

《阿特米斯全集》（*Artemis Fowl*）系列，欧因·科弗（Eoin Colfer）

《高卢英雄历险记》（*Asterix*）系列，勒内·戈西尼（René Goscinny）和阿尔伯特·乌德佐（Albert Uderzo）

《芭蕾舞鞋》（*Ballet Shoes*），诺埃尔·史塔菲尔德（Noel Streatfeild）

《来到英格兰》（*Coming to England*），弗洛拉·本杰明（Floella Benjamin）

《但丁的地狱漫画书》（*Dante's Inferno comic book*），亨特·爱默生（Hunt Emerson）

《小屁孩日记》（*Diary of a Wimpy Kid*）系列，杰夫·金尼（Jeff Kinney）

《怪诞少女日记》（*The Dork Diaries*）系列，蕾切尔·勒妮·拉塞尔（Rachel Renée Russell）

《足球学院》（*Football Academy*）系列，汤姆·帕尔默（Tom Palmer）

《查特吉爷爷》（*Grandpa Chatterji*），贾米拉·加文（Jamila Gavin）

《哈利·波特》（*Harry Potter*）系列，J.K.罗琳（J.K.Rowling）

《随风而来的玛丽阿姨》（*Mary Poppins*），帕·林·特拉芙斯（P.L.Travers）

《我的家人和其他动物》（*My Family and Other Animals*），杰拉尔德·德雷尔（Gerald Durrell）

《采石场里的洞穴人》（*Stig of the Dump*），克莱夫·金（Clive King）

《燕子号与亚马逊号》（*Swallows and Amazons*），亚瑟·兰塞姆（Arthur Ransome）

《抵岸》（*The Arrival*），陈志勇（Shaun Tan）

《小灰人》（*The Little Grey Men*），B.B.

《丁丁历险记》（*Tintin*）系列，乔治·雷米·埃尔热（Georges Remi Hergé）

《汤姆的午夜花园》（*Tom's Midnight Garden*），菲莉帕·皮尔斯（Philippa Pearce）

《麻辣女生基地》（*Tracy Beaker*）系列，杰奎琳·威尔逊（Jacqueline Wilson）

《蓝猫瓦杰克》（*Varjak Paw*），S.F. 赛德（S.F.Said）

《战马》（*War Horse*），迈克尔·莫波格（Michael Morpurgo）

《年轻的武士》（*Young Samurai*）系列，克里斯·布拉德福德（Chris Bradford）

《阿甘先生和大狗杰克》（*You're a Bad Man, Mr Gum!*）安迪·斯坦顿（Andy Stanton）

诗歌

《错过很可惜》（*A Shame To Miss*），安妮·费恩（Anne Fine）

《罗杰·麦格夫精选诗集》（*All the Best: The Selected Poems of Roger McGough*）

《警世诗》（*Cautionary Verses*）希莱尔·贝洛克（Hilaire Belloc）

《货物》（*Cargoes*），约翰·梅斯菲尔德（John Masefield）和《夜邮》（*Night Mail*），W.H. 奥登（W.H.Auden），选自《我喜欢这首诗：儿童为其他儿童挑选的我最喜爱的诗歌选集》（*I Like This Poem: A Collection of Best-loved Poesm Chosen by Children for Other Children*）

《胡言乱语和其他诗歌》（*Jabberwocky and Other Poems*），

刘易斯·卡罗尔（Lewis Carroll）

《老负鼠的群猫英雄谱》（*Old Possum's Book of Practical Cats*），T.S. 艾略特（T.S.Eliot）

《橙子、银币、香肠》（*Orange Silver Sausage*），詹姆斯·卡特（James Carter）和格拉汉姆·丹顿（Graham Denton）编著

《儿童滑稽诗》（*Silly Verse for Kids*），斯派克·米利根（Spike Milligan）

《荒诞书全集》（*The Complete Nonsense of Edward Lear*），爱德华·利尔（Edward Lear）

非虚构类

《地图》（*Maps*），亚历山德拉·米热林斯卡（Aleksandra Mizielifiska），丹尼尔·米热林斯基（Daniel Mizielifiski）

《木乃伊：探寻古代世界之谜》（*Mummies: Mysteries of the Ancient World*），保罗·哈里森（Paul Harrison）

《一针一线》（*Stitch-by-Stitch*），简·布尔（Jane Bull）

《足球之书》（*The Football Book*）

人物、角色系列

我的世界（*Minecraft*）

怪兽摩西（*Moshi Monsters*）

小龙斯派罗（*Skylanders*）

保持参与（12~16岁）

《少年007》（*Alex Rider*）系列，安东尼·赫洛维兹（Anthony Horowitz）

《特工学校：黑色星期五》（*Black Friday, Cherub series*）系列，罗伯特·马奇莫尔（Robert Muchamore）

《消失系列：饥饿》（*Hugger, Gone series*），迈克尔·格兰特（Michael Grant）

《我的家人与其他动物》（*My Family and Other Animals*），杰拉尔德·德雷尔（Gerald Durrell）

《火影忍者》（*Naruto*）系列，岸本齐史（Masashi Kishimoto）

《零和十字架》（*Noughts and Crosses*）系列，马洛尼·布莱克曼（Malorie Blackman）

《人鼠之间》（*Of Mice and Men*），约翰·斯坦贝克（John Steinbeck）

《骷髅侦探》（*Skulduggery Pleasant*）系列，德雷克·兰迪（Derek Landy）

《深夜小狗神秘事件》（*The Curious Incident of the Dog in the Night-time*），马克·哈登（Mark Haddon）

《穿Prada的女魔头》（*The Devil Wears Prada*），劳伦·魏丝伯格（Lauren Weisberger）

《了不起的盖茨比》（*The Great Gatsby*），F.斯科特·菲茨杰拉德（F.Scott Fitzgerald）

《豆蔻春心》（*The Greengage Summer*），鲁默尔·戈登（Rumer Godden）

《霍比特人》（*The Hobbit*），J.R.R.托尔金（J.R.R.Tolkien）

《巴斯克维尔的猎犬》（*The Hound of the Baskervilles*），

亚瑟·柯南·道尔（Arthur Conan Doyle）

《饥饿游戏》（*The Hunger Games*），苏珊娜·柯林斯（Suzanne Collins）

《陋室红颜》（*The L-Shaped Room*），琳妮·里德·班克斯（Lynne Reid Banks）

《小灰人》（*The Little Grey Men*），B.B.

《魔戒》（*The Lord of the Rings*），J.R.R.托尔金（J.R.R.Tolkien）

《壁花少年》（*The Perks of Being a Wallflower*），斯蒂芬·奇博斯基（Stephen Chbosky）

《铁路边的孩子们》（*The Railway Children*），伊迪斯.内斯比特（E.Nesbit）

《购物狂的异想世界》（*The Secret Dreamworld of a Shopaholic*），苏菲·金塞拉（Sophie Kinsella）

《布瑞·坦纳短暂的第二人生》（*The Short Second Life of Bree Tanner*），斯蒂芬妮·梅尔（Stephenie Meyer）

《杀死一只知更鸟》（*To Kill a Mockingbird*），哈珀·李（Harper Lee）

《暮光之城》（*Twilight*）系列，斯蒂芬妮·梅尔（Stephenie Meyer）

《少年邦德》（*Young Bond*）系列，查理·汉格森（Charlie Higson）

非虚构类

《使命召唤：幽灵攻略》（*Call of Duty: Ghosts Strategy Guide*）

《"小不列颠"札记》（*Notes from a Small Island*），比尔·布莱森（Bill Bryson）

《敢于梦想：单向组合的人生》（*Dare to Dream: Life as*